Wie finde ich meine Bestimmung?

Impressum

Bibliografische Information der Deutschen Nationalbibliothek:
Die Deutsche Nationalbibliothek verzeichnet diese Publikation in der Deutschen Nationalbibliografie; detaillierte bibliografische Daten sind im Internet über http://dnb.dnb.de abrufbar.

© 2022 Jonas Pöltl

Herstellung und Verlag:
BoD – Books on Demand, Norderstedt

ISBN: 978 375 345 46 65

Credits

Coverbild:	GeraKTV/stock.adobe.com
Covergestaltung:	Jonas Pöltl/jonaspoeltl.de
Autorenportrait:	Beate Pöltl/beatepoeltl.de

Jonas Pöltl

DIE
INSEL DER
ERKENNTNIS

Auf der Suche nach
der eigenen Bestimmung

Roman

Inhaltsverzeichnis

Prolog.. 1

Teil 1 3

Teil 2 6

Teil 3 134

Epilog 136

Anhang.. 139

Über den Autor 162

Für die beiden Wunder meines Lebens,
Niklas und Lukas.

Prolog

Hi,

Ich bin Matt. Vor etlichen Jahren war ich in meinem Leben an einem Tiefpunkt angekommen. Es war nicht, dass ich pleite gewesen wäre und kein Geld mehr hatte. Ganz im Gegenteil, ich verdiente sehr gut in meinem Job. Es war auch nicht, dass ein geliebter Mensch von mir gegangen wäre. Bis heute bin ich von Schicksalsschlägen glücklicherweise weitestgehend verschont geblieben. Es war vielmehr eine tiefe innere Leere in mir, gepaart mit den Fragen »*Sollte es nicht noch mehr in meinem Leben geben?*« und »*Ist das wirklich schon alles?*«

Nach einer meiner viel zu vielen 70-Stunden-Wochen im Büro, beschloss ich am Wochenende (oder besser, was davon übriggeblieben ist, mittlerweile arbeitete ich regelmäßig sechs Tage die Woche und erholte mich nur noch am Sonntag) einen Bootsausflug zu unternehmen, um endlich abschalten und in Ruhe nachdenken zu können. Aus dem zuvor wolkenlosen Himmel mit strahlendem Sonnenschein wurde allerdings plötzlich eine stürmische See, die mich und mein Boot zum Kentern brachte. Als ich wieder zu mir kam, befand ich mich an einem mir unbekannten Strand auf einer unbewohnten Insel. Dass ich mich mit *unbewohnt* selten so getäuscht hatte, sollte ich noch früh genug herausfinden. Das Volk der Maoli, das mich aufnahm und sehr gastfreundlich zu mir war, half mir mit ihrer Einstellung zum Leben einen

1

völlig neuen Blickwinkel auf mein eigenes Dasein zu bekommen.

Was ich dabei gelernt habe und wie sich so meine Existenz von bodenloser Leere zu einem erfüllten und glücklichen Leben entwickelt hat, möchte ich dir in meiner Geschichte erzählen.

Und so hat alles begonnen…

Teil 1

Miami

Ich lebte bereits seit 15 Jahren in Miami. Doch während meine Wohnungen immer größer und schicker wurden, wurde die Zeit immer knapper, in der ich *meine Stadt am Meer* genießen konnte. Ursprünglich bin ich nach Miami gezogen, damit ich jeden Tag ans Meer kann. Damit ich dort wohne, wo andere hinkommen, um Urlaub zu machen. Dieser Grundgedanke ist leider mehr und mehr in Vergessenheit geraten, während ich damit beschäftigt war, Stufe um Stufe auf der Karriereleiter hinaufzuklettern.

Aber fangen wir von vorne an: Aufgewachsen bin ich in Mathews, Alabama. Ich bin mir sicher, dass daher auch mein Name stammt, auch wenn meine Eltern das immer noch abstreiten. Nach einer glücklichen Kindheit auf dem Land wollte ich in die große Stadt, Geld verdienen und Karriere machen. Nach meinem Abschluss an der Universität von Miami ging der Ernst des Lebens los. Ich bewarb mich bei einem Topunternehmen und wurde direkt ins Traineeprogramm aufgenommen. Ich konnte mein Glück kaum fassen und freute mich riesig. Über die Jahre hinweg arbeitete ich mich Stück für Stück in meiner Firma nach oben. Neben einem stetig wachsenden Gehalt, wurden allerdings auch immer mehr Anforderungen an mich gestellt, die mir weniger gut gefielen.

Während ich anfangs noch einen geregelten Wochenablauf mit 40 Arbeitsstunden pro Woche hatte und von Montag bis Freitag arbeitete, entwickelte sich mein Arbeitspensum immer mehr zu 50 Stunden pro Woche an fünf bis sechs Wochentagen. Nach meiner letzten Beförderung, durch die ich endlich im Topmanagement angekommen war, glich eine arbeitsintensive Woche der nächsten. Ich arbeitete sechs Tage die Woche, am siebten bereitete ich noch regelmäßig Präsentationen für die Folgewoche vor. Mein Stundenpensum stieg auf 70 Stunden und mehr pro Woche an.

Und genau nach einer solchen 70-Stunden-Woche, beschloss ich am Sonntag einen Bootsausflug zu unternehmen. Endlich wieder ans Meer in meinem Miami. Durch die Wellen und den Wind endlich wieder abschalten und den Kopf freibekommen. Denn auch wenn ich immer davon geträumt hatte, im Topmanagement zu arbeiten, war ich doch nicht glücklich, wo ich heute war. Ich besaß zwei teure Autos und bin gerade erst in ein sündhaft teures Penthouse umgezogen, konnte aber all dies zu meiner großen Überraschung nicht genießen. *»Was war denn nur los mit mir? Was lief schief in meinem Leben?«*

Ich machte mich also auf, mietete mir ein Boot und fuhr aufs Meer. Fernab von anderen Menschen, fernab meiner geliebten, ruhelosen Stadt Miami. Der Wetterbericht meldete strahlenden Sonnenschein und einen wolkenlosen Himmel, das Wetter hätte also besser nicht sein können für mein geplantes Unterfangen. Als ich allerdings ein gutes Stück auf dem Meer war, an einem Ort, an dem keine Menschenseele mehr zu sehen war, zogen dunkle Wolken auf. Um nach Miami zurückzufahren, war es zu spät, das Unwetter würde mich definitiv erwischen. So fuhr ich weiter aufs offene Meer hinaus und versuchte, den sich bedrohlich auftürmenden Gewitterwolken in der Flucht nach vorn zu entkommen. Zum Regen gesellte sich Sturm und meterhohe Wellen brachen über meinem kleinen Boot zusammen. Ich klammerte mich mit all meiner Kraft an die Reling, während die schäumende Gischt mich umhüllte und mir fast vollständig die Luft zum Atmen nahm.

Und dann geschah es: Eine riesige Welle raste auf mich zu und brachte mein Boot zum Kentern. Ich wurde ins Wasser geschleudert und die Wucht des Aufpralls presste mir sämtliche Luft aus meiner Lunge. Mir wurde schwarz vor Augen und ich verlor das Bewusstsein.

Teil 2

Die Insel

1

Als ich zu mir kam, lag ich im Sand. Ich öffnete meine Augen und fand mich an einem wunderschönen Strand wieder. Der Sand war beinahe weiß und hauchdünn - am Strand und zwischen meinen Zähnen. Das Wasser glitzerte türkisblau und flache Wellen brandeten mit einem sanften Meeresrauschen ans Ufer. An eben jenes Ufer, an dem ich lag, völlig durchnässt und ohne die leiseste Erinnerung daran, wie ich hierhergekommen war. Panisch versuchte ich mich daran zu erinnern, wo ich war und was ich hier machte.

Dann langsam dämmerte es mir wieder: Ich war mit meinem Boot auf den Atlantik gefahren und wollte einfach nur abschalten. Nachdem ich von einem Unwetter überrascht wurde, ist mein Schiff gekentert und ich wurde ins Wasser geschleudert. Ich war auf einer unbewohnten Insel gestrandet. Unbewohnt nahm ich zumindest an, da ich nirgends auch nur den Hauch von Zivilisation entdecken konnte. Kein Hafen, kein Pier. Nur reine, unberührte Natur. Die Landschaft war so atemberaubend schön, dass mir dazu nur ein einziges Wort einfiel, das sie passend beschrieb: Paradies.

Kurz überlegte ich, ob ich den Bootsunfall wohl doch nicht überlebt hatte und nur meine Seele auf dieser Insel wandelte und ich bereits tot war. »Au, verflixt«, entkam es mir. Ein kleiner Krebs hatte mich vor lauter Übermut in den großen Zeh gezwickt. Da ich so reglos da lag, dachte er wohl, dass ich sowieso nicht mehr am Leben wäre und ich mich ganz gut als Futter eignen könnte. Da ich noch Schmerzen spürte, war ich wohl doch noch am Leben.

Von dem Unwetter war nichts mehr zu sehen. Die Sonne schien gerade so, als hätte es den Sturm nie gegeben. Auch fand ich keine Spur von meinem Boot. Kein Wrack, kein Treibgut, nicht einmal das kleinste Anzeichen, dass ich mit einem Boot hierhergekommen war. Da war ich also, gestrandet auf dieser einsamen Insel. Ohne Nahrung, ohne Wasser, nur mit der Kleidung, die ich anhatte: Shorts und T-Shirt. Immerhin schien die Sonne und die Natur um mich herum war einfach nur wunderschön.

Als ich ein Knurren vernahm, sprang ich auf. Ich drehte mich rasch einmal um mich selbst, in Erwartung ein wildes Tier abwehren zu müssen. Als weder ein Wolf, noch ein Bär zu sehen waren, bemerkte ich die Ursache des Knurrens und musste lachen: Es war mein leerer Magen. Ich hatte seit dem Frühstück nichts mehr gegessen und nach dem Stand der Sonne zu urteilen, war es nun sicher schon später Nachmittag. Und auf meinen Magen war immer Verlass. Hungrig beschloss ich die Insel zu erkunden und auf Nahrungssuche zu gehen.

2

Ich machte mich auf vom Strand in Richtung Inselinnerem. Die Natur war einfach nur atemberaubend. Nach dem reinen Sandstrand folgte ein Abschnitt, an dem vereinzelte Palmen im Sand standen und Schatten spendeten. Von der Mischung aus Sand und Palmen ging es nahtlos über in eine tropische Dschungellandschaft. Die Vegetation wurde dichter und ich hörte erste Vögel zwitschern. Ich kam aus dem Staunen nicht mehr heraus, als ich die ersten Schritte in den Dschungel setzte. So ein Naturschauspiel hatte ich wahrlich noch nie erlebt. Gut, ich hatte meine letzten Jahre auch primär in einem Großraumbüro verbracht, aber auch die seltenen Urlaube, die ich mir gegönnt hatte, hatten mich nie an ein so schönes Fleckchen Erde geführt.

Ich sah Affen von Baum zu Baum springen. Kunterbunte Vögel zwitscherten herrliche Melodien. Doch da war auch noch irgendetwas anderes in der Melodie des Dschungels. Irgendetwas hatte sich in diesem Moment in den Tönen des Dschungels verändert. Da war ein regelmäßiges Geräusch, das ich schon einmal gehört hatte aber nicht zuordnen konnte. Ein dumpfer Ton, dann wieder Pause. Dann wieder ein Ton, dann Pause.

Es klang ganz nach... Trommeln. »*Sollte diese Insel doch nicht so unbewohnt sein, wie ich zuerst angenommen hatte?*«, fragte ich mich. Mit wachsender Neugier ließ ich mich von meinen Ohren leiten. Die Trommeln wurden immer lauter und lauter, bis ich aus dem dichten Dschungel heraus eine Lichtung sah. Auf dieser

Lichtung befanden sich einfache Bambushütten mit Farnen auf den Dächern. Und da waren auch besagte Trommeln und an diesen Trommeln standen: Menschen. Ich war also doch nicht alleine auf dieser Insel.

Die Frauen und Mädchen waren gekleidet im Bastrock mit Blumenketten. Die Männer und Jungs trugen eine Art Shorts aus demselben Material. Für T-Shirts hatten sie in diesem Inselparadies und bei dieser Wärme wohl keine Verwendung. Die Menschen lachten und die Kinder tanzten und jagten sich gegenseitig im Spiel durch die Gegend.

Und neben den Trommeln standen Tafeln voll mit exotischen Früchten und Speisen. Meinen Magen freute dieser Anblick besonders. Es sah ganz nach einem bevorstehenden Fest aus. Irgendwie hatte ich aber das Gefühl, dass das Fest noch nicht vollständig begonnen hatte. Sie schienen noch auf irgendjemanden oder irgendetwas zu warten. Hungrig und neugierig zugleich nahm ich einen tiefen Atemzug und ging mutig aus dem Dschungel heraus auf die Trommeln zu.

3

Zwei kleine Jungs waren die Ersten, die mich entdeckten, als ich auf die Lichtung heraustrat. Sie rannten direkt zu ihren Eltern, die beide einen prächtigen Kopfschmuck trugen und vor den Festtafeln standen. Die Jungs deuteten auf mich und ich glaubte zu hören, wie sie riefen »Er ist da! Er ist da!«

»Herzlich willkommen, Hoa Pili Hou«, sagte der Mann, zu dem die Kinder gerannt waren, als er auf mich zukam. Er wirkte freundlich und lächelte mich an. *»Sie sprechen meine Sprache, was für ein Glück«*, dachte ich bei mir.

»Seid gegrüßt. Wo bin ich hier?«, fragte ich. »Du bist auf unserer Insel gelandet. Wir nennen sie Ka Mokupuni 'ike.« »Von dieser Insel habe ich noch nie gehört, obwohl ich öfter mit dem Boot vor Miami auf dem Meer bin«, gestand ich. »Es ist nicht so eine Art Insel, wie du sie kennst«, sagte der Mann mit einem Lächeln, dessen Bedeutung ich nicht genau deuten konnte.

»Ich bin Matt«, stellte ich mich vor. »Mich nennen sie Tata«, antwortete mein Gastgeber. »Und das ist unser Dorf«, ergänzte er und breitete seine Arme aus. »Hast du gut hergefunden?«, fragte mich Tata. »Ein Sturm hat mein Boot zum Kentern gebracht, dann war ich eine Weile bewusstlos und bin hier am Strand wieder zu mir gekommen. Wenn du das unter *gut* verstehst, dann ja«, antwortete ich. Dann meldete sich wieder mein Magen mit einem lauten Knurren zu Wort. Da war ja noch was.

»Tolles Festmahl, wartet ihr noch auf jemanden?«, fragte ich neugierig. »Die Hauptperson ist soeben eingetroffen«, sagte Tata. »Wo ist sie denn?«, fragte ich. »Sie steht direkt vor mir«, antwortete Tata und lachte dabei. »Ich?«, fragte ich verblüfft. »Woher wusstet ihr, dass ich heute auf eure Insel kommen würde?«

»Wusstest du nicht selbst, dass du dich auf eine Reise begeben würdest?«, fragte Tata.

Von dieser Warte aus hatte ich das noch gar nicht betrachtet. »Ich hatte so ein Gefühl, dass sich etwas ändern müsste in meinem Leben, aber wie das geschehen sollte, war mir nicht klar«, antwortete ich. »Jetzt lasst uns zusammen essen und trinken, du musst sicher hungrig sein«, sagte Tata.

»Ich habe einen Bärenhunger«, antwortete ich und wir setzten uns an die große Tafel.

4

Das Festmahl konnte sich wirklich sehen lassen: Auf dem ersten Tisch stand die reichste Auswahl an frischen und farbenfrohen Früchten, die ich jemals gesehen hatte. Neben Ananas, Bananen, Maracujas und Papayas gab es noch unzählige Früchte, deren Namen ich noch nicht einmal kannte. Sie hatten aber eins gemeinsam: Sie sahen alle sehr lecker aus und schmeckten sogar noch besser. Auf dem nächsten Tisch gab es Gemüse in gegrillter und roher Form, Salat und jede Menge exotisch anmutender Dips und Soßen. Daneben stand ein Tisch mit Fisch und Fleisch, alles kross über dem Feuer gegrillt und einfach nur köstlich duftend - da waren mein hungriger Magen und ich uns vollkommen einig. Auf dem vorletzten Tisch standen gebratene Kartoffeln, gedämpfter Reis und etliche Hirse- oder Couscous-Arten, die ich so noch nie gesehen hatte. Was ehrlich gesagt auch nicht besonders schwierig war, da ich mich doch am liebsten von Burgern mit Pommes ernährte. Der letzte Tisch war voller Getränke: Glasklares Wasser, geköpfte

Kokosnüsse, und frisch gepresste Säfte, dekoriert und verziert mit kunstvoll geschnitzten Tieren aus Obst.

Ich saß mit meinen Gastgebern am Tisch im Zentrum des Fests und ließ es mir schmecken. Immerhin hatte ich gefühlt seit Tagen nichts gegessen. Wir aßen und unterhielten uns. Die Trommeln wurden leise geschlagen und die Kinder tanzten und jagten um die Tische herum, während sie zwischendurch immer wieder zu den Tischen zurückkehrten, um kurz etwas zu essen oder zu trinken. Tata stellte mir seine entzückende Frau Kiri vor, ebenfalls lernte ich ihre beiden aufgeweckten Jungs kennen, die mich als erstes entdeckt hatten. Sie hießen Ninni und Lui und waren sechs und drei Jahre alt, und ein wahrer Quell an Lebensfreude. *»Wieso hatte ich mich vorher nur nie mit Kindern beschäftigt?«*, schoss es mir durch den Kopf.

Nach einem ausgiebigen Mahl, das selbst meinen schwer zu beeindruckenden Magen glücklich und zufrieden stimmte, luden mich Kiri und Tata zum traditionellen Stammestanz ein. Ich war überrascht, dass wirklich jeder aus dem Dorf mitmachte. Es gab keinen, der sich absonderte und alleine blieb. Es kam dabei nicht im Geringsten auf die Tanzfähigkeiten an, was mir sehr zugute kam, denn ich bin wahrlich kein begnadeter Tänzer. Vielmehr ging es um das Zusammensein und sich ausgelassen zu bewegen. Die Kinder hatten darin besonders viel Talent. Sie rannten und sprangen und ihnen zuzusehen war einfach nur ein Moment des vollkommenen Glücks, den ich so lange nicht mehr erlebt hatte. Ich erfreute mich mit ihnen an ihrem Tanz.

Generell hatte ich den Eindruck, dass die Menschen hier eine Glücklichkeit und Zufriedenheit ausstrahlten, die mir neu waren. Wenn ich zu Hause in Miami um 6:30 Uhr in die U-Bahn stieg, um zur Arbeit zu fahren, sah ich kein fröhlich lachendes Gesicht. Ich nahm mir fest vor, das Geheimnis ihres Glücks unbedingt genauer unter die Lupe zu nehmen. Vielleicht hatte es ja einen tieferen Sinn, dass ich auf dieser Insel gelandet bin.

Nach einem langen Abend lud mich Tata in die Hütte seiner Familie ein. Ich fiel todmüde in das Bett, das mir meine Gastgeber in ihrer Hütte vorbereitet hatten. Als hätten sie gewusst, dass sie heute jemand besuchen kommen würde. »*Merkwürdig*«, dachte ich noch, bevor ich Sekunden später bereits tief und fest schlief.

5

Als ich nach einem erholsamen Schlaf erwachte, griff ich routinemäßig auf meinen Nachttisch, um auf meinem Handy die wichtigsten Neuigkeiten des Tages zu lesen. Überrascht von der Tatsache, dass ich weder mein Handy noch überhaupt meinen Nachttisch vorfand, dämmerte mir wieder, dass ich ja gar nicht in meinem Apartment in Miami war. Ich war immer noch auf dieser geheimnisvollen Insel, fernab der technisierten Welt. Zumindest hatte ich hervorragend geschlafen. Ich fühlte mich ausgeruht, wie lange nicht mehr und hatte das Gefühl, als könnte ich Bäume ausreißen.

Die Sonne war bereits aufgegangen, ich warf mich in meine Klamotten und begrüßte den Tag mit einem

Lächeln, als ich die Hütte verließ. *»Wann habe ich das letzte Mal morgens gelächelt?«*, dachte ich angestrengt nach, konnte aber keine Antwort darauf finden - es musste schon ewig her gewesen sein.

Meine Gastgeber waren bereits aufgestanden und ich fand sie mit ihren beiden Kindern am Meer. Das Meer war nur 20 Meter von ihrer Hütte entfernt und die Aussicht war einfach traumhaft. In dem kristallklaren, türkisfarbenen Wasser spiegelte sich die Sonne. Zwischen Hütte und Strand standen vereinzelt Palmen und ich war mir sehr sicher, zwischen zwei dieser Palmen auch eine Hängematte zu erkennen. Diese Menschen verstanden es wirklich zu leben.

Während die beiden Jungs im Wasser planschten, saß Kiri unbewegt im Sand mit geschlossenen Augen und einem zufriedenen Lächeln auf den Lippen. Auch Tata strahlte, als er mich kommen sah und begrüßte mich wie einen alten Freund. »Du bist aufgestanden. Schön, dass du hier bist«.

»Wo immer auch hier ist«, murmelte ich vor mich hin. Lauter sagte ich: »Ihr lebt wahrlich im Paradies.« »Ja, wir haben einen wundervollen Ort für uns gefunden«, antwortete Tata. »Jeder kann für sich einen Ort finden, an dem er sich wie im Paradies fühlt.«

»Wie meinte er das nun wieder?«, fragte ich mich. Während Tata im Sand saß und seinen beiden Kindern zusah, schrieb er immer wieder Notizen in eine Art Notizbuch. Das Buch wäre in Miami vermutlich nicht ganz als *State of the Art* durchgegangen, doch es schien seinen Zweck

zu erfüllen und das war das Einzigste, was zählte. »Was schreibst du da?«, wollte ich wissen.

»Ich habe die Angewohnheit, mir von allem, was ich für mich lerne, Notizen zu machen. Viel zu oft habe ich frühere Lehren, die mir das Leben erteilt hat, wieder vergessen. Und eine Lektion zweimal gelehrt zu bekommen, ist nicht notwendig, wenn du beim ersten Mal bereits gut genug aufpasst und Vorkehrungen triffst, dass du sie nicht wieder vergisst«, antwortete Tata. »Notierst du dir wichtige Erkenntnisse?«, fragte er mich.

»Auf der Arbeit, in der Tat. Privat bin ich ehrlich gesagt noch nie auf diese Idee gekommen«, antwortete ich. »Erachtest du dein Privatleben als nicht wichtig genug?« fragte mich Tata. »Vorrang hatte bis heute immer mein Beruf«, gab ich ehrlich zu. »Möchtest du es einmal ausprobieren? Vielleicht gefällt es dir, und du bleibst dabei« bot Tata an. »Gern«, antwortete ich.

Tata zog ein zweites Notizbuch mitsamt Stift, der locker das Gütesiegel *100% ökologisch abbaubar* bekommen hätte, aus seiner Tasche und sagte: »Für dich. Damit du jede Erkenntnis festhalten kannst und sie nie wieder vergisst.« »Danke«, sagte ich und nahm das Geschenk an mich.

Wir beobachteten die Kinder beim Spielen und reflexmäßig griff meine Hand wieder in meine Hosentasche und ich schaute verblüfft aus der Wäsche, als sie mein Handy nicht fand. »Wonach suchst du?«, fragte mich Tata, dem mein überraschter Gesichtsausdruck nicht verborgen geblieben war. Tata war ein sehr aufmerksamer Beobachter, der sich mit seinen Gedanken vollkommen im Hier und Jetzt zu befinden schien.

»Normalerweise befindet sich in meiner Hosentasche immer mein Handy«, antwortete ich. Da mein Gastgeber sicherlich nicht mit der Technik der heutigen Zeit vertraut war, ergänzte ich noch: »Ein Handy ist ein technisches Gerät, mit dem ich mit Menschen über große Distanzen hinweg sprechen kann. Neben dieser Telefonierfunktion, besitzt es noch 1000 weitere Funktionen, wie etwa Nachrichten schreiben und lesen, den Wetterbericht ansehen oder mich über die Geschehnisse in der Welt informieren«, versuchte ich die Kernfunktionen kurz zusammenzufassen.

»Das war eine nette Zusammenfassung der Funktionen eines Smartphones«, lachte Tata. »Aber du musst mir diese Dinge nicht erklären. Auch wenn wir hier nicht auf dem technischen Stand deiner Welt leben, sind wir doch mehr oder weniger mit den Grundsätzen vertraut. Uns kommen regelmäßig Menschen aus deiner Welt besuchen.«

»Aus meiner Welt«, murmelte ich vor mich hin. »*Wie meinte er das nun wieder?*« Da er nahtlos weiterredete, blieb mir keine Zeit, diesen Gedanken zu Ende zu denken. »Aber zurück zu dir: Diese Aktivitäten, wie Nachrichten lesen oder schreiben oder dich über die aktuellen Geschehnisse in der Welt zu informieren, würdest du sie in diesem Moment lieber tun, als nur hier mit mir im Sand zu sitzen und dich mit mir am Glück meiner beiden Kinder zu erfreuen?«, fragt mich Tata.

»Nein, eigentlich nicht. Es ist allerdings so sehr zu einer Routine geworden, dass ich ständig auf mein Smartphone blicke, um nachzusehen, ob ich neue Nachrichten habe, dass ich gar nicht mehr darüber nachdenke«, antwortete ich. »Macht dich diese Routine glücklich?«, wollte Tata wissen.

Ich dachte einen Augenblick nach. Diese Frage hatte ich mir in der Tat selbst noch nie gestellt. Um diese Frage, nicht nur für Tata, sondern auch für mich selbst, zu beantworten, holte ich ein wenig aus: »Wenn ich morgens in den Tag starte, sehe ich immer als Erstes auf mein Smartphone. Ich lese meine Nachrichten und informiere mich, was auf der Welt geschehen ist. Das gibt mir ein Gefühl des Überblicks und der Kontrolle, ich verpasse nichts. Über den Tag verteilt bin ich weiterhin auf Abruf für die Welt erreichbar, da ich regelmäßig meine Nachrichten lese und auch beantworte.«

»Ist das nicht sehr anstrengend, immer erreichbar zu sein?«, fragte mich Tata. »Wie schaffst du es da, dich auf den jetzigen Moment zu konzentrieren?«, legte er nach. »Momente, in denen ich völlig bei mir bin, oder auch nur bei den körperlich in einem Raum mit mir anwesenden Menschen, sind leider sehr selten geworden«, gab ich ehrlich zu.

»Du hast die Kraft in dir, diese Momente zu erschaffen und sie wieder in dein Leben zurückzuholen«, sagte Tata zu mir. «Wirklich?« fragte ich zurück. »Natürlich. Jeder Mensch bestimmt und wählt sein Verhalten selbst«, sagte Tata.

»Aber ich mache doch einfach nur das, was alle anderen auch tun«, antwortete ich etwas ungehaltener als ich es eigentlich sagen wollte. Als wäre ich jetzt daran schuld, dass ich diesen Weg beschreite. »War es deine bewusste Entscheidung, oder hast du dich eher vom Herdentrieb leiten lassen?«, fragte Tata.

Diese Frage brachte mich ins Grübeln. *»Gab es einen Zeitpunkt, zu dem ich mir bewusst ausgesucht habe, so zu werden wie ich heute bin? Oder war es eine unbewusste Entscheidung, da ich dazugehören wollte? Nur wo genau eigentlich dazugehören?«*

»Ich weiß es nicht«, war meine ehrliche Antwort. »Wenn du diese Entscheidung nicht bewusst getroffen hast, weil es dein eigener freier Wille war, war es wohl eine unbewusste Entscheidung. Aber sämtliche Entscheidungen und Gewohnheiten lassen sich auch durch neue Entscheidungen und neue Gewohnheiten ersetzen, die dein Leben bereichern«, sagte Tata.

»Wenn du morgens in den Tag startest, fühlst du dich dann erholt und voller Energie? Oder fühlst du dich bereits morgens unter Druck und gestresst?«, fragte Tata. »Definitiv unter Druck und gestresst«, antwortete ich. »Sobald ich morgens meine Nachrichten lese, warten schon die ersten Aufgaben auf mich. Sie verfolgen mich dann während meines kurzen Frühstücks, der morgendlichen Dusche und auch beim Zähneputzen.«

»Fühlst du dich danach so, als ob du in der Lage wärst, deinen Tag selbst zu gestalten oder reagierst du nur noch auf Einflüsse von außen?«, wollte Tata wissen. »Ich fühle mich schon fremdgesteuert, seitdem ich aufgestanden bin und mein Smartphone in der Hand hatte. Freunde und Kollegen wollen dies und das von mir und alles am liebsten sofort«, antwortete ich.

Tata lächelte. »Was gibt es da zu lachen?«, fragte ich leicht gereizt. »Diese Situation belastet mich Tag für Tag. Und du findest das komisch?« »Manchmal ist man im Leben so in einer Situation gefangen, dass man selbst den oftmals offensichtlichen Ausweg nicht sehen kann«, antwortete Tata. »Was soll das denn für ein Ausweg sein?«, fragte ich ungehalten. »Was würde passieren, wenn du dein Smartphone erst nach einem ruhigen und entspannten Morgen in die Hand nimmst? Du genießt die erste Zeit deines Tages in aller Ruhe, isst etwas, bewegst dich oder gehst an die frische Luft?«, fragte Tata.

»Und was ist mit all den Nachrichten und all den Anliegen an mich?«, wollte ich wissen. »Verschwinden sie, wenn du sie nicht sofort liest?«, fragte Tata. Diese Frage brachte mich zum Lachen und mein Ärger war auf einen Schlag verflogen. »Nein, natürlich nicht«, antwortete ich.

»Dann wären sie also auch noch da, nachdem du einen Morgen nach deinen eigenen Vorstellungen verbracht hättest?«, fragt Tata. »Natürlich«, antwortete ich. »Welchen Vorteil bringt dir deine jetzige Gewohnheit somit?«, fragte Tata. Ich dachte ein paar Sekunden nach. »Ich bin früher informiert«, wollte ich antworten, um Tata etwas entgegenzusetzen. Mir blieb die Antwort aber im Halse stecken. War es nicht eher der Fall, dass ich so bereits früher fremdgesteuert war und nur noch *reagiert* und nicht mehr *agiert* habe? Waren das nicht alles

Einflüsse von außen, die mich zu ihrem Spielball machten? »Ich fühle mich oft bereits am frühen Morgen gestresst und überfordert«, gab ich offen und ehrlich zu.

»Wie wäre es dann mit einem Ändern dieser Gewohnheit?«, fragte mich Tata. »Der erste Schritt zur Besserung ist die Erkenntnis, dass etwas verbesserungswürdig ist.« Tata zeigte auf mein Notizbuch. »Möchtest du dir etwas von unserem Gespräch notieren?«, fragte er.

»Und ob«, antwortete ich, schlug das Buch auf und fing auf der ersten Seite an zu schreiben.

6

Gerade als ich mit meinen Notizen fertig geworden bin, gesellte sich Kiri zu uns. Sie strahlte eine innere Ruhe und Gelassenheit aus, die ich bis dato nur sehr selten bei jemandem gesehen hatte.

»Was hast du da gemacht?«, wollte ich von ihr wissen. »Ich habe meditiert«, antwortete Kiri. »Unsere beiden Söhne sind wirklich tolle Jungs und ich liebe sie über alles. Trotzdem gibt es Situationen, die herausfordernd sind. Ich habe für mich gelernt, dass ich solche Situationen viel einfacher meistern kann, wenn ich mit mir selbst im Einklang bin. Dieser innere Einklang hat nichts mit unseren Söhnen und auch nichts mit meinem Mann zu tun, sondern rein mit mir. Wenn ich im inneren Ungleichgewicht bin, reagiere ich in herausfordernden Situationen anders, als ich möchte.«

»Wann hast du damit begonnen?«, fragte ich Kiri. »Es gab eine Zeit, als unsere Söhne noch sehr jung waren.

Lui war gerade zur Welt gekommen und Ninni war in einem Alter, indem er immer jemanden zum Spielen haben wollte. Beides gleichzeitig ging nicht immer. Wenn Lui zum Beispiel trinken wollte, durfte sich Ninni gerne zu uns gesellen und ich las beiden etwas vor. Wenn Ninni in diesem Moment aber lieber mit mir herumtollen oder fangen spielen wollte, dann ging das in diesem Moment einfach nicht, wenn ich allein zu Hause war. In dieser Zeit war ich sehr gereizt und reagierte verbal häufig barsch, was mir im Nachhinein immer sehr leidtat. Als ich wieder einmal heftig mit Ninni schimpfte, beschloss ich, dass es für mich an der Zeit war, etwas zu ändern. Ich beschloss, mich jeden Tag eine komplette Stunde mit mir selbst zu beschäftigen. Keine Familie, kein Mann, keine Kinder. Rein Zeit für mich«, erzählte Kiri.

»Und wie habt ihr das hinbekommen?«, fragte ich Kiri und Tata. Tata erzählte: »Kiri ist von diesem Tag an immer eine Stunde früher aufgestanden. In dieser Stunde hat sie weder den Haushalt gemacht, noch das Frühstück vorbereitet, sondern sie hatte Zeit für sich. Wenn die Kinder früher wach wurden, habe ich mich um sie gekümmert, damit wir Kiri nicht stören.«

»Was hast du in dieser Stunde gemacht?«, fragte ich Kiri neugierig. »Ich habe verschiedene Optionen meines idealen Morgens entwickelt«, sagte Kiri. »Wie du heute bereits gesehen hast, meditiere ich gerne. Es hilft mir dabei, mich zu fokussieren und wieder auf den jetzigen Moment zu konzentrieren. Während ich mit geschlossenen Augen im Sand sitze, gehen mir alle möglichen

Gedanken durch den Kopf. Ich stelle mir diese Gedanken gerne als Seifenblasen vor. Mein ganzer Kopf ist also voller Seifenblasen. Ich beobachte diese Seifenblasen. Ich betrachte die Gedanken. Ich filtere dabei heraus, welche Gedanken gut für mich sind und mich zu dem Menschen machen, der ich sein möchte. Ebenso filtere ich die Gedanken heraus, die nicht zu mir passen. Diese Seifenblasen lasse ich einfach zerplatzen. Zusätzlich versuche ich viele kleine Seifenblasen zu größeren Seifenblasen zusammenzufassen. Ich überlege mir, welche Gedanken zusammenpassen und welche mich zu einem gemeinsamen Ziel führen. Diese wenigen großen Seifenblasen sind wesentlich einfacher zu verfolgen, als die viel zu vielen kleinen Seifenblasen. Und wenn ich mit der Meditation fertig bin, notiere ich mir diese großen Seifenblasen. So vergesse ich nichts Wichtiges und mein Kopf ist danach frei von Ballast. So kann ich mich danach vollends auf den neu startenden Tag konzentrieren.«

»Interessant«, sagte ich. »*Den Tick mit dem Notizbuch haben wohl beide*«, dachte ich bei mir. »Du hast von verschiedenen Optionen gesprochen, was machst du noch gerne, um in den Tag zu starten?« »Kiri ist ein wahres Sportass«, sagte Tata mit einem breiten Grinsen. »Gegen sie hab ich in den meisten Sportarten nicht den Hauch einer Chance.«

»Ganz so ist es auch nicht, aber ich gehe in der Tat gerne morgens schwimmen. Ich liebe die morgendliche Ruhe und das Gefühl, dass die ganze Insel noch schläft, während ich schon auf den Beinen bin. Sport hat für mich einen ähnlich meditativen Charakter wie

Meditation selbst. Der zusätzliche Vorteil von Sport ist, dass sich danach nicht nur mein Kopf, sondern auch mein Körper besser fühlt. Körper und Geist bilden eine wichtige Symbiose, die es beide zu pflegen gilt«, erzählte Kiri.

Wenn ich sie so im Detail betrachtete, konnte ich ihr nur zustimmen. Sie war nicht nur geistig voll auf der Höhe, sondern man sah ihrem Körper auch an, dass sie sich gut um ihn kümmerte. »War es für dich nicht schwer, regelmäßig eine Stunde früher aufzustehen, während alle anderen noch friedlich in ihren Betten schlummerten?«, wollte ich wissen.

»Oh ja, am Anfang war das wirklich eine Qual. Aber obwohl es anfangs eine Herausforderung war, mein inneres Stachelschwein zu überwinden, merkte ich doch schnell, wie viel besser ich mich dadurch fühlte. Ich kam zurück zu meiner Familie in der Gewissheit, heute schon etwas nur für mich getan zu haben. Dadurch hatte ich viel mehr innere Ruhe und Geduld, ich war ausgeglichener und ließ mich nur noch sehr selten aus der Fassung bringen. Nach gut einem Monat war mir das so in meine tägliche Routine übergegangen, dass ich es nicht mehr in Frage stellte, warum ich so früh aufstand«, sagte Kiri.

»Inneres Stachelschwein?«, fragte ich. »Wenn ich mich recht entsinne, hat ein früherer Besucher erzählt, dass es in eurer Welt *innerer Schweinehund* genannt wird«, erzählte Kiri. »Da es bei uns auf der Insel so ein Tier allerdings nicht gibt, haben wir einen anderen Begriff. Gemeint ist allerdings dasselbe damit: Nicht genug

Willensstärke zu besitzen, das zu tun, von dem du genau weißt, dass es das Richtige ist.«

Der Begriff gefiel mir auf Anhieb. »War es für dich leicht, eine ganze Stunde des Tages für dich selbst herzunehmen?«, wollte ich wissen. »Anfangs hatte ich ein seltsames Gefühl, eine komplette Stunde des Tages nur für mich selbst zu nutzen. Ich kam mir egoistisch dabei vor. Immerhin hatte ich zwei Kinder und einen Ehemann. Mit der Zeit wurde mir aber bewusst, dass ich durch diese eine Stunde für mich, sowohl zu einer besseren Mutter, als auch zu einer besseren Ehefrau wurde.«

Ich holte mein Notizbuch hervor und fing an zu schreiben. Als nächstes kamen Ninni und Lui auf uns zugerannt. Beide tropfnass vom Meer und mit einem breiten Lachen im Gesicht. »Wer hat Hunger?«, fragte Tata seine Familie.

7

Fünf Minuten später saßen wir alle gemeinsam am Strand mit einem leckeren Frühstück. Es gab frisch gepflückte Bananen, Papayas, Ananas und Kiri bereitete dünne Fladen zu, die mich sehr an Pancakes erinnerten und genauso köstlich schmeckten. Dazu gab es frisches Wasser und einen aus Kräutern zubereiteten Tee. Obwohl ich bereits gestern Abend einen Riesenberg an Köstlichkeiten verdrückt hatte, meldete sich mein Magen schon wieder lautstark zu Wort und ich langte kräftig zu.

»Was habt ihr am Strand gespielt, Jungs?«, fragte Tata seine beiden Söhne. Ninni hatte sich so viel von den Fladen auf einmal in den Mund gestopft, dass er nicht antworten konnte, auch wenn er es natürlich trotzdem versuchte. Da man kein Wort verstehen konnte, übernahm Lui für ihn: »Wir haben eine Sandburg gebaut, Papa!« »Mit Burgtürmen! Und Bananenbaumblätter waren die Drachen, die die Burg angegriffen haben!«, ergänzte Ninni euphorisch, nachdem er endlich wieder sprechen konnte. »Wahnsinn!«, staunte Tata und Ninni und Lui freuten sich über das Interesse von ihrem Papa.

»Worüber habt ihr beide euch am Strand unterhalten?«, fragte Kiri. »Matt hat mir von seinen Morgenroutinen erzählt«, sagte Tata. »*Routinen* würde ich sie nicht gerne nennen«, gab ich kleinlaut zu. »Sie haben sich mehr oder weniger einfach so in mein Leben geschlichen.« »Das passiert mit den meisten Gewohnheiten«, beruhigte mich Kiri. »Es liegt allerdings an uns, zu unterscheiden, welche Gewohnheiten uns guttun und welche nicht. Wir haben die Kraft in uns, schlechte Gewohnheiten durch neue, für uns bessere, Routinen zu ersetzen.«

»Wie schafft man das?«, fragte ich neugierig. »Der erste Schritt ist das Erkennen der Gewohnheit, die wir nicht mehr in unserem Leben haben wollen«, sagte Kiri. »Der zweite Schritt ist das Herausfinden, durch welche bessere Routine wir die jetzige Gewohnheit ersetzen möchten. Der dritte Schritt ist die Überwindung des inneren Stachelschweins.«

Ich musste lachen, da mir diese Formulierung wirklich viel besser gefiel, als der bei uns gebräuchliche Begriff des inneren Schweinehunds. »Hast du eine Gewohnheit, die du gerne loswerden würdest?«, fragte Kiri. Ich brauchte nicht einmal den Bruchteil einer Sekunde nachdenken: »Mein Morgen bereitet mich nicht wirklich gut auf den neuen Tag vor. Ich würde gerne energiegeladen und erholt in den Tag starten, genau wie du«, sagte ich. Dann wiederholte ich meine morgendlichen Gewohnheiten, wie ich sie Tata bereits am Strand erzählt hatte.

»Hast du manchmal das Gefühl, dass du den ganzen Tag nicht eine Sache für dich getan hast, sondern nur für andere?«, fragte mich Kiri. »Ja, das kommt ständig vor. Ich nehme mir jeden dritten Tag vor, nach Feierabend noch zum Sport zu gehen. Wenn sich mein Feierabend dann aber weiter und weiter nach hinten verschiebt, fehlt mir oft die Motivation dazu und ich lande doch daheim vor dem Fernseher«, antwortete ich. »Ich hätte da eine Idee, wie du deinem Tag eine Stunde voraus sein kannst«, sagte Kiri und grinste breit. »Kommst du von selbst darauf?«

»Ich soll also jeden Tag eine Stunde früher aufstehen und für mich selbst nutzen, genau wie du es tust?«, fragte ich. »Indem du deinen Morgen nur für dich und für niemanden anderen nutzt, kannst du sowohl entspannt in den Tag starten, als auch bereits das Gefühl genießen, etwas nur für dich getan zu haben. Nachdem du die erste Stunde des Tages ganz für dich hergenommen hast, kannst du immer noch Nachrichten lesen, oder was du früher getan hast - wenn du das für sinnvoll erachtest und es dein Energieniveau erhöht. Diese eine Stunde der vollständigen Ruhe und des Nichtvorhandenseins von äußeren Einflüssen, auf die du reagieren musst, wird dich zu einem völlig neuen Menschen machen.«

»Aber ich brauche meinen Schlaf, sonst bin ich ungenießbar«, sagte ich. »Was genau machst du an deinen Abenden?«, wollte Kiri wissen und zog eine Augenbraue nach oben. »Ich esse und dann leg ich mich auf die Couch und sehe fern, so wie alle das machen«, antwortete ich. »Und wäre es dir möglich, deine Fernsehzeit um eine Stunde zu kürzen, damit du eine Stunde früher ins Bett könntest?«, bohrte Kiri weiter an einer Stelle, die mir unangenehm war. Denn ich wusste ja selbst, dass ich meine Abende nicht sinnvoll nutzte. »Ja, das sollte klappen. Ich benutze Fernsehen um abzuschalten, was leider auch nicht wirklich gut funktioniert«, antwortete ich.

»Dann probier es doch einfach einmal aus«, sagte Kiri. Ich ließ diese Worte auf mich wirken und machte mir Notizen in mein Notizbuch.

8

Es war früher Nachmittag, als mich Tata erstmals mit zum Fischen nahm. Tata hatte ein Kanu, das groß genug für uns beide war. Es war wirklich ein Meisterwerk der Handwerkskunst und sah aus, als wäre es aus nur einem einzigen Stück Holz geschnitzt worden. Wir packten die Netze ins Boot und luden genügend Proviant ein, um nicht auf hoher See verhungern zu müssen und fuhren hinaus aufs Meer.

»Was ist es, was dich am Fischen fasziniert?«, fragte ich meinen Gastgeber. »Ich liebe das Meer«, antwortete Tata. »Und ich liebe Fisch. Ich habe mich dafür entschieden, diese beiden Interessen zu verbinden.« Wenn ich mir das türkis schimmernde Meer und die einmalige Kulisse dieses Inselparadieses so ansah, konnte ich Tata vollkommen verstehen.

»Was machst du mit deiner Zeit, was fasziniert dich im Leben?«, fragte mich Tata. Die Art und Weise, wie er diese beiden Fragen im Zusammenhang stellte, beunruhigte mich, dabei klang diese Verbindung so einleuchtend. »Um Geld zu verdienen, arbeite ich in einem großen Unternehmen als Manager. Ich sitze in Meetings und treffe strategische Entscheidungen - kurz gesagt, ich halte den Laden am Laufen. Leider sitze ich dafür den ganzen Tag im Büro. Ich kann nicht behaupten, dass meine Arbeit das ist, was mich im Leben fasziniert. Schon mit der Wahl meines Studiums habe ich mich für diesen Karrierepfad entschieden, weil man in diesem Bereich viel Geld verdienen kann.«

»Macht dir deine Arbeit Spaß?«, fragte Tata, als er gerade ein Netz auswarf und dabei eine Glückseligkeit ausstrahlte, die mir zeigte, dass er seinen Beruf liebte. »Manchmal ja, oft nein. Ich würde sagen, es ist *okay*, da ich viel Geld damit verdiene«, antwortete ich.

»Wofür verwendest du dein Geld?«, wollte Tata wissen. »Es gibt die essenziellen, lebensnotwendigen Dinge wie Nahrung oder auch ein Dach über dem Kopf. Dann etwas zum Anziehen und damit sind die wirklich notwendigen Dinge auch schon genannt. Viel meines monatlichen Verdienstes fließt auch in mein neues Auto, das ich mir gerade erst gekauft habe«, sagte ich.

»Du erfreust dich also an Autos?«, wollte Tata wissen und strahlte mich an. »Nein, nicht wirklich. Ein Auto ist für mich genauso gut wie jedes andere. Allerdings erwartet man von einem Mann in meiner Position, dass ich ein bestimmtes Modell einer bestimmten Automarke besitze. Jetzt habe ich zwei davon«, antwortete ich. »Wer erwartet das von dir?«, bohrte Tata nach. »Die Gesellschaft, die Norm, Freunde und Bekannte - kurz gesagt: Jeder«, gab ich etwas eingeschnappt als Antwort auf diese kinderleicht zu beantwortende Frage zurück.

»Und macht es diese Gesellschaft, Freunde und Bekannte glücklich, dass du ein Auto nach ihren Vorstellungen besitzt?«, fragte Tata. »Ich würde sagen: Ja«, antwortete ich. »Und dich selbst?«, fragte Tata. »Nein«, antwortete ich. »Findest du es nicht beunruhigend, dass du das Glück der anderen über dein eigenes Glück stellst?«, wollte Tata wissen.

Von dieser Warte aus hatte ich mein Leben noch gar nicht betrachtet. Ich war so in den starren Vorstellungen verankert, dass man diese Dinge in meiner Position eben besitzt, ganz ohne es jemals zu hinterfragen. So lief es eben einfach im Leben, was sollte ich schon groß daran ändern? Ich war dadurch Mitglied eines exklusiven Clubs geworden. Nur wollte ich wirklich zu diesem Club gehören? Oder interessierte es mich im tiefsten Inneren überhaupt nicht? *»Vielleicht kann mir Tata ja* *weiterhelfen*«, dachte ich. »Ich fühle mich damit zugehörig zu einem Club«, sagte ich. »Ich will einfach nicht ausgegrenzt werden.«

Tata nickte verständnisvoll. »Denkst du wirklich, dass dich deine Freunde ausgrenzen würden, nur weil du eben nicht ein bestimmtes Auto einer bestimmten Marke fahren würdest?«, fragte Tata. »Wenn sie tatsächlich meine Freunde sind, nein«, gestand ich. »Nur zu welchem Club sollte ich mich dann zugehörig fühlen?« »Willst du wissen, zu welchen Clubs ich gehöre?«, fragte Tata. »Unbedingt«, antwortete ich wie aus der Pistole geschossen.

»Ich bin Mitglied zweier ganz exklusiver Clubs. Im ersten Club gibt es sogar nur ein Mitglied: Mich. Es ist mein eigener Club. Hier kommt es mir darauf an, dass ich mir selbst treu bin. Wenn ich mich im Spiegel betrachte, bin ich dann der Mensch, der ich sein möchte? Diese Frage muss ich für mich unbedingt mit *ja* beantworten, ansonsten fühle ich mich in meiner Haut nicht wohl. Der zweite Club umfasst ein paar mehr Mitglieder, wir sind insgesamt zu viert. Das ist der Club meiner Familie, der engste Kreis. Ich interessiere mich sehr dafür, dass es allen Mitgliedern meiner Familie gutgeht. Und ich lasse sie an allen wichtigen Entscheidungen teilhaben, die uns betreffen. Weitere Clubs sind für mich nicht relevant«, erzählte Tata.

Wir betrachteten das Meer und ließen uns von unserem Boot sanft über die Wellen schaukeln und genossen das einmalige Panorama schweigend. »Soll ich dir eine Geschichte erzählen?«, fragte mich Tata nach einer

Weile. »Sehr gern, wovon handelt sie?«, wollte ich wissen. Und Tata erzählte mir *die Geschichte von dem Mann, den seine Freunde nicht mehr erkannten*:

Es gab einmal einen Mann, der einem sehr geregelten Tagesablauf nachging. Die Dinge, die er tat, tat er jeden Tag, ohne sie jemals in Frage zu stellen. Er frühstückte jeden Morgen dasselbe, dann ging er ins Bad, putzte sich immer exakt genauso lange die Zähne, bevor er exakt zur selben Zeit zur Arbeit ging. An jedem Freitag traf er exakt dieselben Leute in exakt derselben Bar. Er unterhielt sich jeden Morgen mit exakt demselben Nachbarn, der exakt denselben Weg zur Arbeit hatte wie er.

Doch als dieser Mann eines Morgens erwachte, war irgendetwas anders. Es war nur so ein Gefühl, das er nicht exakt benennen konnte. Ein mulmiges Gefühl, dass heute nicht alles exakt so laufen würde, wie es all die Tage zuvor gelaufen war. Dieses Gefühl, diese Ungewissheit machte ihm Angst. Er frühstückte mit einem mulmigen Gefühl, putzte sich die Zähne mit einem mulmigen Gefühl und ging aus dem Haus mit einem mulmigen Gefühl. Als er dann, wie jeden Morgen, seinen Nachbarn begrüßte und ihn fragte, ob sie gemeinsam zur Arbeit gehen wollten, geschah es: Sein Nachbar antwortete nicht wie all die Tage zuvor »Sehr gern!«, sondern sah ihn nur verständnislos an und fragte: »Wer sind Sie?«

Der Mann aber dachte, dass sich sein Nachbar nur über ihn lustig machen wollte und versuchte es weiter: »Du kennst mich, ich bin dein Nachbar. Wir laufen jeden Tag zusammen zur Arbeit.« Der Nachbar aber antwortete: »Ich laufe schon immer allein zur Arbeit und Sie habe ich hier noch nie gesehen.« Der Mann fühlte sich immer noch auf den Arm genommen, sah aber ein, dass er mit seinem Nachbarn nicht weiterkam und lief somit erstmalig allein zur Arbeit. Aus Trotz auf der gegenüberliegenden Straßenseite als sein Nachbar, aber dennoch gingen beide exakt dieselbe Strecke.

Auf seiner Arbeit wurde es auch nicht besser. Sein Firmenausweis funktionierte nicht mehr und die freundliche Frau an der Rezeption behauptete, ihn noch nie hier gesehen zu haben. »Aber ich laufe jeden Morgen zu exakt dieser Zeit hier an Ihnen vorbei«, sagte der Mann. Die Rezeptionistin meinte nur, dass sie ihm leider nicht helfen könne.

So ging der Mann also wieder nach Hause und grübelte, wie das sein konnte. Da Freitag war, fasste er den Plan, abends seine Freunde zu fragen. Er drückte sich also den ganzen Tag zu Hause herum, bis es endlich 19 Uhr war und er sich auf den Weg zu exakt derselben Bar machte, die er jede Woche am Freitag aufsuchte. Seine Freunde saßen bereits exakt an dem Tisch, an dem sie immer saßen. Sie lachten und scherzten. Der Mann setzte sich zu ihnen. Auf einmal setzte ein betretenes Schweigen sein. »Was habt ihr denn? Lasst euch von mir nicht in eurer guten Laune stören und redet ruhig weiter«, sagte er zu seinen Freunden. »Entschuldigen Sie, aber wir würden gerne für uns bleiben«, sagte ausgerechnet sein bester Freund aus Kindheitstagen. »Wie meinst du das? Wir treffen uns doch jede Woche hier«, sagt der Mann fassungslos. »Wir kennen Sie nicht, und es wäre sehr nett, wenn Sie uns nun wieder verlassen könnten«, sagte sein bester Freund, der ihn nicht mehr zu erkennen schien.

Traurig und verwirrt ging der Mann nach Hause. »Was ist nur geschehen? Haben sich alle Menschen gegen mich verschworen? Wie kann es nur sein, dass mich niemand mehr erkennt?«, fragte sich der Mann. Der Mann beschloss früh schlafenzugehen, um über diesen Schock hinwegzukommen. Und er träumte von einer neuen Welt, die er komplett für sich entdecken konnte.

Am nächsten Morgen kam ihm eine Idee: »Wenn mich nun niemand mehr kennt, kann ich mich verhalten, wie ich möchte. Keiner stellt Anforderungen an mich, keiner kennt mich, keiner urteilt über mich.« Und so frühstückte der Mann erstmalig in seinem Leben nicht das, was er immer aß, sondern was er wollte. Er gestaltete seinen Tag, so wie er wollte. Er war zum ersten Mal in seinem Leben frei. Den darauffolgenden Sonntag nutzte er genauso nur für sich selbst und gestaltete ihn ganz frei nach seinen Wünschen.

Nach diesen ersten beiden Tagen in seinem neuen Leben, ging er wieder zu Bett und erwachte früh morgens. Wieder frühstückte er was er wollte und machte sich nach dem Zähneputzen auf den Weg. Er wollte gerade alleine zu seiner Arbeit laufen, als ihn eine bekannte Stimme ansprach: »Hallo Nachbar. Wo warst du denn letzte Woche Freitag? Ich musste ganz alleine zur Arbeit laufen und habe mir schon Sorgen um dich gemacht«, sagte sein Nachbar. »Seltsam, nun erkennt er mich also doch wieder«, dachte sich der Mann. Auch auf Arbeit funktionierte sein Firmenausweis wieder tadellos, wenn ihn auch sein Chef auf sein unentschuldigtes Fehlen letzten Freitag ansprach. Die Rezeptionistin stritt vehement ab, ihn an diesem Tag auch nur gesehen zu haben. Auch seine Freunde erkannten ihn wieder am nächsten Freitagabend.

Es war also alles wie immer, bis auf eine entscheidende Kleinigkeit: Von diesem Tag an, hatte sich der Mann von den

Erwartungen der anderen Menschen gelöst. Die Zeit, in der er von niemanden erkannt wurde, hatte ihm die Augen geöffnet, dass nur er allein sein Leben gestaltet. Niemand wendete sich von ihm ab, nur weil er jetzt aß, was er wollte. Niemand urteilte über ihn, weil er jetzt tat, was er wollte.

Die Erwartungen seiner Freunde an ihn existierten nur in seinem Kopf.

»Diese Geschichte hat mir einmal ein Besucher aus deiner Welt erzählt«, sagte Tata. »Und mir gefällt sie so gut, dass ich sie jetzt immer weitererzähle. Verstehst du, was die Geschichte uns lehren will?« »Dass die Erwartungshaltungen anderer Menschen nur eine Vorstellung von uns selbst sind und in Wahrheit gar nicht existieren?«, fragte ich.

»Exakt. Wir machen uns viel zu viele Gedanken, was andere wohl über uns denken oder von uns halten. Dabei denken die meisten Menschen sehr wenig über andere nach, da sie Vollzeit mit sich selbst beschäftigt sind.«

Ich zückte mein Notizbuch und fing an zu schreiben.

9

»Kommen wir zurück zu meiner vorherigen Frage, ich formuliere sie ein wenig um«, sagte Tata. »Gibt es etwas, das dich im Leben schon immer fasziniert hat? Zum Beispiel aus deiner Kindheit, was du vielleicht aus den Augen verloren hast?« Ich dachte angestrengt nach. Gab es da nicht mal etwas, das ich als Kind geliebt hatte aber aus irgendwelchen Gründen aus den Augen verloren habe?

In der Tat, da war etwas: »Als Kind hatte mir mein Vater zu meinem 12. Geburtstag eine Kamera geschenkt. Sie war mein größter Schatz. Ich liebte es, die Natur zu fotografieren. Überall, wo ich hinging, hatte ich meine Kamera dabei. Mein Vater hat dann immer die Bilder für mich entwickeln lassen und ich habe mir daraus ein Album nach dem anderen gebastelt, das ich stolz jedem Besucher gezeigt habe.«

»Das klingt toll. Was ist aus dieser Leidenschaft geworden?«, fragte Tata. »Viele Jahre lang habe ich in meiner Jugend begeistert fotografiert. Dann kam nach der Schule mein Studium und ab da war ich so sehr auf die Uni und auf meinen späteren Beruf fixiert, dass ich nie wieder eine Kamera angefasst habe«, antwortete ich und wurde tatsächlich ein wenig sentimental. »Das ist sehr schade«, sagte Tata. »Es fühlt sich so an, als wäre das bereits ein anderes Leben«, sagte ich.

»Hast du dir schon Gedanken gemacht, was du einmal in deinem Ruhestand machen möchtest?«, fragte mich Tata. »Und ob«, sagte ich und meine Augen begannen zu strahlen. »Wenn ich endlich in Rente bin, möchte ich die Welt bereisen. Es gibt so viele spannende Orte, die ich alle sehen möchte, nur leider langt mir aktuell meine Zeit nicht dafür. Ich sammle bereits jetzt schon Länder und Orte, die mich interessieren.«

»Wenn du davon erzählst, bemerke ich ein Feuer in dir, das ich so noch nicht bei dir gesehen habe«, merkte Tata an. »Reisen sind das, auf was ich am meisten hinfiebere, sobald ich nicht mehr arbeiten muss«, sagte ich. »Wäre es nicht deutlich besser, wenn du bereits heute deine Träume leben würdest, als nur auf eine ferne Zukunft hinzufiebern?«, fragte mich Tata.

Ich stutzte. »Wie soll das funktionieren?«, fragte ich. »Bei uns auf der Insel gibt es ein Sprichwort: *Immer wenn du nicht weißt, wie etwas geht, such dir einen Lehrer, der es dir zeigt*«, sagte Tata. »Einen Lehrer. Das erinnert mich ja direkt an meine Schulzeit«, sagte ich lachend. »Bei uns ist es ganz normal, dass wir unser ganzes Leben lang Menschen in unserem Leben haben, die uns Dinge lehren, deswegen nennen wir sie *die Lehrer des Lebens*«, sagte Tata. »Aber weswegen ich dir das erzähle: Kennst du jemanden, der bereits das macht, was du gerne tun würdest?«

»In der Tat gibt es da einen Abenteurer, den ich noch von meiner Studienzeit kenne. Er bereist die Welt, war schon in den entferntesten Ecken und scheint dabei sehr glücklich zu sein«, sagte ich. »Wie wäre es damit, wenn du ihn zu deinem Lehrer machst?«, fragte mich Tata. »Wie mach ich das?«, wollte ich wissen. »Frag ihn einfach. Frag ihn, wie er es macht, dass er die Welt bereisen kann, ohne erst auf seinen Ruhestand warten zu müssen. Frag ihn, ob er dir Tipps für deine Reise geben kann. So lernst du schnell, ob das der richtige Weg für dich ist, oder ob du noch weitersuchen musst«, sagte Tata.

Ich zückte mein Notizbuch und fing an zu schreiben.

10

Am nächsten Tag machten wir uns bereits früh auf, da Tata mir die Insel zeigen wollte. Am frühen Morgen war es angenehm kühl und ideal für eine Wanderung. Wir packten unsere Rucksäcke voller Proviant und machten uns auf in den Dschungel. »Du hast erwähnt, dass du findest, dass wir hier im Paradies wohnen«, sagte Tata, als wir zusammen die Insel erkundeten. »Wo wohnst du?«

»Ich wohne in Miami. Dort wollte ich seit meinen Studienzeiten schon immer wohnen und jeden Tag an den Strand gehen«, antwortete ich wahrheitsgemäß. »Und, ist es dort nicht auch paradiesisch, wenn du jeden Tag am Strand bist?«, fragte Tata. »Meinen Traum vom Strand habe ich bis zum heutigen Tag fast vollkommen aus den Augen verloren. Wie ich frisch nach Miami gezogen war, hat mich der Strand noch magisch angezogen. Egal, wie viel Zeit ich noch am Tag übrig hatte, ich war jeden Tag am Strand, und wenn es nur fünf Minuten waren. Nach einer gewissen Zeit war ich nur noch einmal pro Woche am Strand. Dann einmal im Monat. Im letzten Jahr kann ich mich gar nicht erinnern, am Strand gewesen zu sein. Ich habe meinen ursprünglichen Traum, warum ich nach Miami gezogen bin, vollkommen aus den Augen verloren«, sagte ich.

»Ist dieser Traum von damals immer noch dein Traum von heute?«, wollte Tata wissen. »Wie meinst du das?«, fragte ich. »Ist dir dein Traum von früher, heute immer noch genauso wichtig wie damals?«, wiederholte

Tata seine Frage mit anderen Worten. »Ja, ich wäre immer noch gerne jeden Tag am Strand, leider komme ich vor lauter Arbeit nicht dazu«, antwortete ich. »Dir ist deine Arbeit also wichtiger, als dein Traum vom Strand?«, wollte Tata wissen. »Nein, das ist es nicht. Allerdings bin ich beruflich so stark eingespannt, dass ich nach einem langen Arbeitstag keine Energie mehr habe, um noch an den Strand zu gehen«, gab ich zu. »Jeder Mensch hat pro Tag nur ein gewisses Maß an Energie«, bestätigte Tata. »Wofür er diese Energie verwendet, ist allein ihm überlassen. Allerdings gibt es Tätigkeiten, die dein Energielevel erhöhen und es gibt Tätigkeiten, die dein Energielevel verringern. Manche Beschäftigungen - oder auch zu viel von einer Beschäftigung - können dein Energielevel sogar drastisch verringern.«

Wir liefen bereits seit mindestens einer Stunde bergiges Gelände hinauf und hinunter und ich fühlte mich kein Stück energieloser als vorher. Eher im Gegenteil: Durch die Bewegung, die frische Luft und das interessante Gespräch mit Tata, fühlte ich mich lebendiger als je zuvor. »Bist du der Ansicht, dass dein Leben im Gleichgewicht ist, Matt?«, fragte mich Tata. *Leben im Gleichgewicht*, manchmal hatte Tata schon seltsame Ideen. »Wie genau funktioniert das, wie kann ein Leben im Gleichgewicht sein?«, fragte ich zurück. »Jeder Mensch hat verschiedene Säulen, auf denen sein Leben thront«, sagte Tata. »Das können vier Säulen sein, fünf, zehn oder auch noch mehr. Was aber alle gemeinsam haben: Wenn sich deine Säulen deutlich in der Höhe unterscheiden, steht der Thron deines Lebens wackelig. Für den Fall, dass dann eine Säule wegbricht, können die anderen Säulen den Sturz des Throns nicht verhindern. Wenn allerdings alle Säulen auf einem annähernd gleich hohen Niveau sind, können die anderen Säulen den Wegfall einer Säule kompensieren.«

»Interessante Denkweise«, sagte ich. »Und was sind die Säulen deines Lebens?« »Ich habe für mich herausgefunden, dass mein Leben auf vier Säulen steht«, erzählte Tata. »Da ist zum einen meine Frau, das Licht meines Lebens. Sie steht für die Liebe und den liebevollen Umgang mit allen Menschen im Leben. Die zweite Säule sind unsere Kinder. Ich bezeichne sie immer als die Sonnen meines Lebens. Hier geht es mir darum, sie für das Leben zu wappnen und auch darum, die Welt zu einer besseren Welt werden zu lassen, da es die Welt unserer Kinder ist, die wir ihnen hinterlassen. Säule Nummer drei ist bei mir das Fischen. Allgemein geht es hier ums Produktivsein, du kannst es auch Arbeit oder Berufung nennen. Ich bin ein Mensch, der eine Tätigkeit braucht. Ich könnte nicht den ganzen Tag faul am Strand liegen. Das kann ich mal einen halben Tag lang machen, nachdem ich eine ganze Woche hart geackert habe. Aber ich brauche im Leben eine Beschäftigung. Ich möchte etwas erschaffen. Die vierte Säule ist meine Entwicklung. Mir ist es sehr wichtig, mich und meine Persönlichkeit weiterzuentwickeln.«

»Bist du denn nicht zufrieden mit dir selbst?«, fragte ich. »Doch, ich bin der Ansicht, dass ich auf einem guten Weg bin. Ich bin mit meiner heutigen Version ganz zufrieden, ich mag mich. Gleichzeitig möchte ich mich jeden Tag ein klitzekleines Stück weiterentwickeln. Von heute auf morgen macht das keinen gravierenden Unterschied. Auch nicht von heute auf nächste Woche. Wenn ich mich aber jeden Tag noch ein bisschen verbessere, werde ich über die Monate und Jahre hinweg immer mehr zu dem Ideal von Mensch, das ich anstrebe.«

»Interessanter Aspekt. Und wie stellst du das an?«, wollte ich wissen. »Ich schreibe mir für jeden Tag auf, was ich mehr tun möchte in meinem Leben und was ich weniger tun möchte. Das mache ich am Abend vor jedem neuen Tag. Am Ende von jedem Tag überprüfe ich dann, wie gut es heute mit der Umsetzung geklappt hat, und ob ich gegebenenfalls meinen Kurs an der ein oder anderen Stelle noch ein wenig korrigieren muss.«

Ich zückte mein Notizbuch und fing an zu schreiben.

»Es gibt noch eine gute Nachricht für dich, Matt«, sagte Tata geheimnisvoll. »Ich liebe gute Nachrichten, dann mal raus damit«, sagte ich voller Vorfreude. »Du selbst hast es in der Hand, dein Leben zu ändern. Zu jeder Zeit kannst du dein Boot in eine neue Richtung ausrichten. Deine Vergangenheit hat dich am heutigen Tag dahin gebracht, wo du gerade bist. Wohin es weitergeht, kannst du zu jedem Zeitpunkt frei entscheiden - ebenso welcher Mensch du sein willst«, sagte Tata.

»Du willst mir also sagen, dass ich mich an jedem Tag neu erfinden kann? Heute kann ich dies sein und morgen das?«, fragte ich ungläubig. »Exakt, du hast alles in dir, um das zu sein, was du willst«, sagte Tata. »Und was ist mit meiner Familie und meinen Freunden? Sie kennen und mögen mich so, wie ich heute bin«, sagte ich. »Soll ich dir *die Geschichte von dem Mann, den seine Freunde nicht mehr erkannten* noch einmal erzählen? Glaubst du wirklich, dass dich deine Familie und deine Freunde weniger mögen würden, wenn du so wärst, wie du schon immer sein wolltest?«, fragte Tata. »Nein, eigentlich nicht,« antwortete ich kopfschüttelnd. »Wer wirklich mein Freund ist, soll mich so akzeptieren, wie ich bin.« »Und würdest du dich selbst nicht viel mehr mögen, wenn du so wärst, wie du immer sein wolltest?«, fragte Tata. »Absolut!«, bestätigte ich.

»Wir kennen dich seit ein paar Tagen, Matt«, sagte Tata. »In diesen Tagen haben wir dich als den Menschen kennengelernt, mit dessen Werten du dich heute identifizierst. Wir kennen deine Vergangenheit nicht. Sie spielt für uns auch keine Rolle. Deshalb richte den Blick nach vorne und definiere für dich die Punkte, die für dich wichtig im Leben sind - und lebe danach. Du hast jeden Tag die freie Entscheidung, dich zu ändern. Wenn du einmal im Leben falsch abgebogen bist, kannst du zu jeder Zeit wieder vom falschen Weg auf den richtigen zurückkommen.«

Auch das hielt ich in meinem Notizbuch fest.

11

Abends saßen wir gemütlich vor der Hütte meiner sehr fürsorglichen Gastfamilie und betrachteten den Sonnenuntergang. Das Rot der untergehenden Sonne spiegelte sich auf dem fast völlig reglosen Meer. Es war ein zauberhafter Anblick. So unglaublich schön, dass ich mir zu Hause gerne ein Bild davon an meine Wand hängen würde, da man es mit Worten kaum beschreiben konnte.

Kiri riss mich aus meinem Tagtraum. »Hast du einen ganz besonderen Menschen in deinem Leben?«, fragte sie mich frei heraus. Das war für mich ein eher unangenehmes Thema, über das ich mich nicht so gerne unterhielt. Da ich aber das Gefühl hatte, dass Kiri und Tata mir weiterhelfen wollten - und auch konnten -, beschloss ich eine Ausnahme zu machen und trotzdem darüber zu reden. »Wenn du damit fragen willst, ob ich die Liebe meines Lebens bereits gefunden habe, lautet die Antwort leider nein«, sagte ich.

»Und hast du Pläne, dies in absehbarer Zeit zu ändern?«, fragte Kiri weiter. »Absolute Priorität hatte bei mir immer die Arbeit. Ich wollte erst ausgesorgt haben, bevor ich mich um Familie und Kinder bemühe«, sagte ich. »Was meinst du mit ausgesorgt?«, fragte mich Kiri. »Ich wollte genügend Geld auf der Bank haben, dass ich gut für meine Familie sorgen kann. Dass wir in einem schönen Haus wohnen, in den Urlaub fliegen können und es uns an nichts fehlt«, zählte ich auf. »Fehlt es dir durch diese Herangehensweise aktuell an etwas im Leben?«, fragte Kiri.

Sie war gut, verdammt gut. »Mir fehlt ein Lebenspartner. Ein Mensch, mit dem ich mein Leben teilen kann. Mit dem ich abends zusammen einschlafe und neben dem ich morgens aufwache. Mit dem ich mich zusammen auf unsere Kinder freuen kann«, erzählte ich.

»Wann denkst du, dass der Zeitpunkt in deinem Leben gekommen ist, dass du die Priorität deines Lebens auf diesen Aspekt lenken solltest?«, wollte Kiri wissen. »Ich hatte immer auf die nächste Beförderung hingearbeitet. Für mich war *diese eine nächste Beförderung* wie der Gipfel, den ich bezwingen musste, damit ich endlich das Leben leben konnte, das ich immer leben wollte. Nur noch diese eine Beförderung, dann mache ich mich auf die Suche nach meinem Lebenspartner. Nur noch diese eine Beförderung, dann verdiene ich genügend Geld, dass ich die Welt bereisen kann. Leider war das nur eine Illusion. Nach der ersten Beförderung legte ich meinen Fokus wieder auf die nächste Beförderung, die ich anpeilte. Ich nahm mir nicht mehr Zeit für mich oder für meine Suche nach der Liebe meines Lebens. Ich bin immer noch gefangen im Hamsterrad und komme da nicht raus«, sagte ich.

»Was denkst du, wie du diesem Hamsterrad entfliehen kannst?«, wollte Kiri wissen. »Ich muss nur diesen einen Menschen kennenlernen, der mein Seelenpartner ist. Die Frau, mit der ich mein Leben teilen möchte«, sagte ich. »Bist du bereit, diesen Menschen in dein Leben zu lassen?«, fragte Kiri weiter. »Hast du Vorkehrungen getroffen, dass sich dieser Mensch in deinem Leben auch wohlfühlen kann?« »Ich spare bereits Geld, meinst du das damit?«, wollte ich wissen.

»Es handelt sich dabei nicht um materielle Dinge, die du zur Vorbereitung anhäufen musst. Es handelt sich dabei auch nicht um ein Zimmer, das du vorbereiten und herrichten musst. Es handelt sich dabei um einen

Platz in deinem Leben, den du freihalten musst. Zeit, die du bereit bist mit diesem Menschen zu verbringen. Hast du aktuell in deinem Leben diese Zeit, die du der Liebe deines Lebens widmen könntest?«, fragte Kiri.

»Da es aktuell niemanden in meinem Leben gibt, habe ich dafür auch keine Zeit eingeplant. Ich hetze mehr in meinem Leben von Termin zu Termin«, gab ich offen zu. »Dieses Gehetztsein strahlst du auch aus. Dadurch machst du es für deinen Seelenpartner sehr schwer, in dein Leben zu treten. Um es deinem Seelenpartner zu vereinfachen, musst du einen passenden Rahmen erschaffen. Erschaffe Platz in deinem Leben. Erschaffe Platz in deinem Terminkalender. Platz, den dein Lebenspartner ausfüllen kann. Wenn du sie dann kennenlernst, wird es nicht erst unglaublich schwer werden, da du dir Zeit freischaufeln musst. Du bist bereits vorbereitet und ihr habt optimale Bedingungen, um euch kennenzulernen und euch miteinander wohlzufühlen«, sagte Kiri.

Wieder einmal zückte ich mein Notizbuch und fing an zu schreiben.

12

Auch wenn ich normalerweise mit niemandem außer meinem besten Freund darüber sprach, spürte ich doch das dringende Bedürfnis es mit Kiri zu teilen: »Kiri, es gibt da doch eine Frau in meinem Leben. Oder besser gesagt, ich hätte diese Frau gerne in meinem Leben, ich warte aber noch auf den perfekten Moment, um sie anzusprechen«, erzählte ich.

Kiri grinste: »Na also, geht doch. Worauf genau wartest du, warum sprichst du sie nicht an?« »Ich möchte, dass unser Kennenlernen perfekt ist. Ich will den richtigen Moment im richtigen Ambiente für den perfekten Start in unser gemeinsames Leben«, antwortete ich. »Das sind aber ganz schön viele Vorbedingungen auf einmal«, sagte Kiri. »Wie lange träumst du schon davon?« »Mittlerweile sind es zwei Jahre. Sie heißt Sophia und arbeitet in einem kleinen Café nicht weit von meiner Arbeit. Ich komme regelmäßig vorbei und kaufe mir dort einen hausgemachten Muffin. Du musst wissen, dass ich überhaupt keine Süßspeisen mag. Ich komme nur vorbei, um sie für ein paar Augenblicke zu sehen. Den Muffin schenke ich später einem meiner Kollegen. Diese kurzen Momente, in denen ich Sophia sehe und meine Bestellung aufgebe, sind oft das Highlight meines ganzen Tages«, erzählte ich.

»Darf ich dir eine Geschichte erzählen?«, fragte mich Kiri. »Wovon handelt die Geschichte?«, wollte ich wissen. Und Kiri erzählte mir *die Geschichte von dem Mann, der sein halbes Leben lang einer Illusion hinterherlief*:

Es war einmal ein Mann. Dieser Mann hieß Jake. Jake hatte sich ganz furchtbar in eine Frau verguckt. Diese Frau hieß Jill. Nun war es aber so, dass Jake sich nicht traute, seine Angebetete anzusprechen. Er träumte nur heimlich davon, wie sie zusammen leben würden und Kinder hätten. »Jill & Jake«, dieser Gedanke gefiel Jake sehr.

Sein bester Freund wollte Jake zu seinem Glück verhelfen und fragte immer wieder: »Warum sprichst du sie nicht endlich an?« »Ich möchte, dass alles perfekt ist«, antwortete Jake immer. So gingen die Jahre dahin, in denen Jake ein perfektes Haus baute, einen perfekten Garten anlegte und alles perfekt gestaltete - nur eben ohne Jill.

Als Jake eines Tages von einem Arztbesuch zurück in sein perfektes Haus kam, musste er sich vor Schock hinsetzen. Sein Arzt hatte ihm mitgeteilt, dass er nur noch sechs Monate zu leben hatte. Dies war für Jake Anlass genug, endlich seine Jill anzusprechen. Jake machte sich schick, überlegte sich ein paar Worte für den Gesprächseinstieg und traute sich endlich, Jill anzusprechen. Sie verstanden sich gut und unterhielten sich eine ganze Weile. Bis Jake ihr die Frage stellte, ob sie morgen mit ihm ausgehen möchte.

Jill war diese Frage sichtlich unangenehm und sie brauchte eine Weile, bis sie die richtigen Worte fand. Sie offenbarte Jake, dass sie ihn zwar sehr nett fand, aber nun mal nur auf Frauen stand.

Jake ist sein ganzes Leben lang einer Illusion hinterhergelaufen.

»Das ist aber eine sehr traurige Geschichte«, sagte ich. »Da gebe ich dir recht«, erwiderte Kiri und fuhr fort: »Und da ich keine traurigen Geschichten mag, habe ich mir ein alternatives Ende dazu ausgedacht.«

Nun war es aber so, dass Jills beste Freundin Josie in der Tat auf der Suche nach dem passenden Mann fürs Leben war. Jill stellte die beiden einander vor, sie verstanden sich auf Anhieb, kamen zusammen und von nun an waren sie bekannt als »Josie & Jake«.

Jakes neu gefasster Lebenswille, sowie seine Verbindung zu Josie halfen ihm seine Krankheit und den sicher geglaubten Tod im nächsten halben Jahr zu überwinden und die beiden lebten glücklich und zufrieden bis ins hohe Alter.

»Dieses Ende gefällt mir wesentlich besser«, sagte ich. »Verstehst du, was ich dir mit dieser Geschichte sagen möchte?«, fragte Kiri. »Ich sollte Sophia ganz dringend fragen, ob sie auf Frauen steht?«, fragte ich zurück.

Wir mussten beide lachen. »Du solltest schnellstmöglich herausfinden, ob sie auf dich steht«, sagte Kiri. »Indem du nur von ihr träumst, aber nicht weißt, ob sie tatsächlich zu dir passt oder dich mag, lebst du eine Illusion. Du hast eine gemeinsame Zukunft im Kopf. Im besten Fall findet sie dich tatsächlich sympathisch und ihr findet zueinander. Es kann aber auch sein, dass sie aus einem beliebigen Grund nicht mit dir zusammen sein möchte. Nicht alle Menschen passen zueinander. Jeder Mensch ist unterschiedlich und um herauszufinden, ob deine Liebe zu ihr eine Chance hat, musst du es einfach ausprobieren. Sprich sie an und du siehst, ob das alles eine Illusion war, oder ob Sophia Teil deines Lebens wird.«

Wieder zückte ich mein Notizbuch und fing an zu schreiben.

13

Nachdem der gestrige Abend ziemlich lang geworden war, schlief ich mich erstmal in aller Ruhe aus. Als ich erwachte, fand ich nur Tata vor, der in der Hütte damit beschäftigt war, ein Regal zu reparieren. Handwerker war er also auch noch.

»Guten Morgen, Matt«, begrüßte mich Tata. »Guten Morgen, Tata. Wo sind Kiri und deine Jungs?«, fragte ich. »Sie besuchen heute meine Mutter, die Jungs lieben ihre Oma«, antwortete Tata. Ich nutzte die Gunst der Stunde, um mehr über ein Thema zu erfahren, das mich brennend interessierte. Ich sagte: »Ihr wirkt so glücklich, was ist euer Geheimnis?« »Wir wirken nicht nur so, wir sind es«, sagte Tata mit seinem strahlendsten Lächeln. »Bist du denn nicht glücklich?«, fragte mich mein Gastgeber. »Ich besitze alles, was mich im Leben glücklich machen sollte: Ein exklusives Apartment, zwei teure Autos, Designeranzüge und vieles mehr. Trotzdem spüre ich eine innere Leere in mir«, antwortete ich. »Was machst du mit deiner Lebenszeit?«, wollte Tata wissen.

»*Lebenszeit*«, so hatte ich meine Zeit noch nie betrachtet. Ich teilte meine Zeit immer in *Zeit auf der Arbeit* und *Zeit nicht auf der Arbeit* ein. Dass beide zusammen meine Lebenszeit ergaben, klang logisch, es war mir aber noch nie in den Sinn gekommen, sie so zu betiteln. »Ich teile mein Leben gerne in Beruf und Freizeit auf. Wie du weißt, arbeite ich als Manager in einem großen, erfolgreichen Unternehmen. Ich bin Führungskraft und treffe strategische Entscheidungen. Viele Leute handeln auf meine Entscheidungen hin, was eine große Verantwortung mit sich bringt«, sagte ich. »Freizeit habe ich aktuell eher wenig, da ich beruflich sehr eingespannt bin. Ich arbeite an sechs Tagen pro Woche und gönne mir nur wenig Ruhe.«

»Kommt dir diese Aufteilung deiner Zeit sinnvoll vor?«, wollte Tata wissen. »*Wie meint er das nun wieder? Das machen doch alle so: Erst kommt die Arbeit, dann das Vergnügen*«, dachte ich bei mir. »Du meinst, ob ich zufrieden damit bin, wie mein Leben in Beruf und Freizeit aufgeteilt ist?«, fragte ich zurück. »Exakt. Erfüllt es dich, wie du dir dein Leben aufteilst?«, fragte Tata. »*Ich mir mein Leben aufteile, als ob ich mir das so ausgesucht hätte*«, dachte ich. »Mein Leben ist definitiv nicht im Gleichgewicht, mein Fokus liegt ganz klar auf der Arbeit. Nichts nimmt in meinem Leben einen so hohen Stellenwert wie meine Arbeit ein. Ich würde gerne weniger Zeit auf Arbeit verbringen. Aber auf die Stunden, die ich pro Woche arbeite, habe ich leider keinerlei Einfluss«, sagte ich.

»Wer dann?«, bohrte Tata weiter. »Na, mein Chef. Von ihm bekomme ich meine Aufgaben, er bestimmt, wie viele Stunden ich pro Wochen arbeite«, sagte ich. Manchmal musste man Tata wirklich die einfachsten Zusammenhänge erklären, die bei uns jedes Kind auf Anhieb verstehen würde, dafür hielt ich ihn eigentlich für intelligent. »Bist du dir da sicher? Bist du dir ganz sicher, dass dein Chef das bestimmt und nicht insgeheim du selbst?«, fragte Tata. »Natürlich mein Chef, ich habe da nicht viel mitzureden«, sagte ich mittlerweile etwas genervt.

»Was würde passieren, wenn du einfach weniger arbeiten würdest?«, fragte Tata. »Dann würde ich nicht mit all meinen Aufgaben für diesen Tag oder diese Woche fertig werden«, sagte ich. »Wirst du denn aktuell mit allen Aufgaben für deinen Tag oder deine Woche fertig?«, wollte Tata wissen.

Punkt für ihn. »Nein, ich nehme von jedem Arbeitstag und jeder Arbeitswoche noch Arbeit mit in den nächsten Tag oder in die nächste Woche«, antwortete ich. »Und was würde dann passieren, wenn du einfach weniger arbeiten würdest?«, fragte Tata.

»Dann würde mein Chef sehen, dass ich weniger Aufgaben abgearbeitet bekomme«, sagte ich. »Und dann?«, fragte Tata. »Dann würde er mich vermutlich durch jemand anderes ersetzen«, sagte ich. »Bist du gut in deinem Beruf?«, fragte mich Tata. »Ja, sehr sogar«, antwortete ich. »Warum sollte dich dein Chef dann ersetzen?«, fragte Tata. Guter Punkt, den ich mir noch nie so richtig klargemacht hatte. »Du meinst also, dass ich es selbst in der Hand habe, ob ich pro Woche 70, 60, 50 oder gar nur 40 Stunden arbeite?«, fragte ich.

»Wer, wenn nicht du, sollte darüber entscheiden können?«, fragte Tata. »Andere Menschen haben nur so viel Macht über dein Leben, wie du ihnen zugestehst.« Ich zog mein Notizbuch aus meiner Hosentasche und fing an zu schreiben.

14

Nachdem ich mit meinen Notizen fertig war, beschloss ich noch einmal auf das Thema Glück zurückzukommen. Immerhin hatte ich dieses Gespräch damit begonnen und wollte von Tata etwas über das Geheimnis *seines Glücks mit Kiri und ihren beiden gemeinsamen Jungs* wissen und nicht von ihm auf *meine Schwächen* aufmerksam gemacht werden.

»Sind eure Kinder das Geheimnis eures Glücks?«, wollte ich von Tata wissen. »Unsere Kinder tragen sehr viel dazu bei, dass wir unser Leben als erfüllt und vollständig erachten«, sagte Tata. »Trotz alledem sind sie aber nur ein Teil des Ganzen.« »Wie meinst du das?«, fragte ich.

Und Tata erzählte: »Kinder sind für mich in meiner jetzigen Lebenslage das Tollste, was es nur gibt. Ich liebe es, mit ihnen herumzualbern, sie lachen zu sehen und meine Zeit mit ihnen zu verbringen. Aber du musst erst bereit dafür sein. Du musst bereit dafür sein, ihnen deine kostbare Lebenszeit und deine volle Aufmerksamkeit zu schenken.

Viele Menschen erwarten, sobald sie erst einmal Nachwuchs haben, dass ihr Kind oder ihre Kinder ganz im Alleingang dafür sorgen, dass sie als Eltern glücklich sind. Sie erwarten von den Kindern dieses Glück als Geschenk zu bekommen. Das ist teilweise natürlich richtig, Kindern schenken dir etwas. Im Gegenzug dazu erwarten sie aber erst einmal etwas von dir zu bekommen. Kinder kommen bekannterweise mit rein rudimentären

Fähigkeiten auf die Welt und benötigen in der ersten Phase eine vollständige Rund-um-die-Uhr-Betreuung. Wenn du als Elternteil da mit der falschen Einstellung herangehst, wirst du schnell ernüchternd feststellen müssen, dass Eltern zu sein mit viel Arbeit, Verantwortung und zeitweisem Hintenanstellen deiner eigenen Bedürfnisse verbunden ist.

Für einen guten Start in dein Elternleben musst du zuallererst mit dir im Reinen sein, damit du nicht nur mit dir selbst beschäftigt bist, während deine Kinder dich viel nötiger brauchen. Ich habe einen interessanten Teil meines Lebens bereits gelebt, in dem ich mich vollständig auf mich und später dann auf Kiri und mich fokussieren konnte, bevor ich Vater wurde. Ich habe meinen eigenen Wert erkannt und bin ganz zufrieden mit mir selbst. Das ist eine solide Basis, die ich für mich gebraucht habe, damit ich mich voll und ganz auf meine Kinder einlassen konnte. Ich kann mich in meinem heutigen Leben so weit zurückstellen, dass ich Zeiten am Tag habe, an denen ich voll und ganz für meine Kinder da bin. Nicht nur körperlich, sondern auch geistig. Hast du schon einmal Kinder beim Spielen beobachtet?«

»Natürlich«, sagte ich, da ich nicht genau wusste, worauf Tata nun schon wieder hinauswollte. »Ist dir dabei etwas aufgefallen?«, wollte Tata wissen. Ich dachte nach, wusste aber nicht so recht, was mir auffallen sollte. »Ich bin mir nicht sicher, worauf du hinauswillst«, antwortete ich. »Wenn Kinder spielen, sind sie vollständig in ihr Spielen vertieft«, sagte Tata. »Sie lassen sich durch nichts und niemanden aus der Ruhe bringen. Wenn unsere beiden Jungs im Sand spielen, muss ich sehr nah an sie herantreten und wie wild mit meinen Armen herumfuchteln, damit sie mich überhaupt erst bemerken, wenn ich sie zum Essen holen will. Davor blenden sie mich einfach aus, egal wie laut und lange ich nach ihnen rufe. Erst wenn ich wirklich in ihrem Blickfeld auftauche, bemerken sie mich. Erwachsene haben diese Fähigkeit oftmals verlernt.«

»Das kommt mir bekannt vor«, dachte ich bei mir. »Egal, mit was ich mich beschäftige, es schwirren mir immer hunderte weitere Gedanken durch den Kopf.« »Aber auch jeder Erwachsene hat Interessen im Leben, bei denen er in der Lage ist, sämtliche Störgeräusche auszublenden«, fuhr Tata fort. »Oftmals hat das leider nichts mit dem zu tun, was diese Menschen den Großteil ihrer Zeit machen. Diese Interessen gilt es herauszufinden, um mit dir selbst ins Reine zu kommen. Menschen, die das für sich herausgefunden haben und konsequent umsetzen, führen ein erfülltes Leben.«

»Wie kann ich das für mich herausfinden?«, platzte es aus mir heraus. »Dafür gibt es verschiedene Möglichkeiten. Zuallererst solltest du dich mit der Frage beschäftigen, was dich wirklich glücklich macht. Gibt es etwas in deinem heutigen Leben, oder auch in deiner Vergangenheit, was dich wirklich fasziniert? So lernst du aus deinen Erfahrungen und deiner Vergangenheit. Eine weitere Möglichkeit ist, dass du dein Leben als endlose Auswahl an Möglichkeiten siehst. Kinder machen das genauso. Während manche Kinder absolute Wasserratten sind, und kaum mehr aus dem Wasser zu bekommen sind, sind andere lieber im Sand und bauen Burgen. Wiederum andere klettern den ganzen Tag auf irgendwelche Bäume. Was glaubst du, wie Kinder herausfinden, was ihnen Spaß macht?« fragte mich Tata.

»Sie probieren es einfach aus«, lautete meine Antwort. »Genau. Sie probieren aus, was sie bei anderen Kindern sehen. Und danach entscheiden sie für sich, ob es ihnen genug Spaß macht, dass sie es wieder tun wollen, oder ob sie lieber etwas anderes ausprobieren möchten.« »Du meinst, ich soll also einfach ausprobieren, was mir Spaß macht und mir davor abschauen, was anderen Spaß macht?« »Wäre das nicht eine einfache Lösung?«, fragte Tata mit einem breiten Grinsen. »Fast schon zu einfach, als dass ich von selbst darauf gekommen wäre. Ich hätte auf diese schwierige Frage auch eine komplexe Antwort erwartet«, antwortete ich. »Das geht vielen so. Sie können oder wollen nicht glauben, dass die Antwort so einfach und so naheliegend ist«, sagte Tata.

»Kinder besitzen aber auch noch eine weitere Fähigkeit, die viele Erwachsene oftmals verlernt haben«, fuhr Tata fort. »Welche denn?«, fragte ich voller Neugier. »Kindern ist es völlig egal, was andere über sie denken. Als unsere Kinder laufen lernten, wurde mir das bewusst. Die ersten Schritte sind noch voller Unsicherheit. Sie gehen die ersten Schritte und plumpsen dann hin. Sie tun sich vielleicht ein bisschen weh, stellen aber niemals das Laufen selbst in Frage. Sie stehen wieder auf und probieren es wieder und wieder. Das muss nicht am selben Tag oder gar in derselben Woche sein. Manche lassen sich dabei Zeit. Aber kein Kind der Welt würde sich fragen, ob jetzt wohl andere Kinder oder ihre Eltern negativ über sie denken. Ob sie sich zu ungeschickt anstellen und sich lieber nicht noch einmal trauen sollten, einen Fuß vor den anderen zu setzen. Kinder ziehen ihr Unterfangen durch und erreichen ihr Ziel: Früher oder später können sie laufen. Erwachsene haben diese Einstellung oftmals verlernt. Vielen ist es wichtiger, was andere Leute von ihnen denken, als was ihnen selbst Spaß macht. Dabei ist es nur relevant, was sie selbst von sich denken. Handeln sie nach ihren Prinzipien, machen sie alles richtig. Die Blockade existiert also rein in ihrem Kopf.

Erinnerst du dich noch an *die Geschichte von dem Mann, dessen Freunde ihn nicht mehr erkannten*?«, so endete Tatas Erzählung.

Wieder machte ich einen Eintrag in mein Notizbuch.

15

Als ich am nächsten Morgen erwachte, erwartete mich ausnahmsweise nicht der strahlende Sonnenschein, den ich von den letzten Tagen gewohnt war. Nein, auch im Paradies scheint es mal zu regnen. Dicke Tropfen klatschten auf unsere Bambushütte. Da ich Regen überhaupt nicht leiden kann, machte ich mich mit hängenden Mundwinkeln auf den Weg in den Gemeinschaftsraum, in dem sich die kleine Küche befand. Lui und Ninni sprangen ganz aufgeregt durch die Hütte.

»Was haben die beiden denn?«, wollte ich von Kiri wissen. »Sie freuen sich über den Regen«, antwortete sie.

»*Über Regen freuen, das ist ja mal was*«, dachte ich für mich, verkniff mir aber diesen Kommentar. »Auf was freut ihr euch beim Regen am meisten?«, wollte ich stattdessen von den beiden Kindern wissen. »Immer wenn es regnet, lassen wir kleine Boote vom Strand ins Meer fahren. Wir basteln diese Boote in den Zeiten, in denen es nicht regnet und haben so jedes Mal eine Menge Boote parat, wenn es dann endlich regnet«, sagte Ninni. »Das klingt super, darf ich mitkommen?«, fragte ich. »Natürlich«, riefen Ninni und Lui einstimmig.

Die beiden Jungs rannten ausgelassen durch den Regen. Sie trugen Regenponchos aus Bananenbaumblättern, die ihnen Kiri selbst genäht hatte. Auch für mich hatte sie zu meiner Verwunderung einen gemacht, der mir wie angegossen passte. Aber ich habe mittlerweile aufgehört, mich über diese *zufälligen* Begebenheiten zu wundern. Wir hatten die selbst gebastelten Boote dabei und machten uns auf die Suche nach einem passenden, vom Regen gebahnten, Fluss, der die komplette Strecke zwischen Hütte und Meer überbrücken konnte. Schnell hatten wir einen gefunden und die beiden Jungs fieberten bei jedem ihrer Boote mit, ob es den weiten Weg bis zum Meer schaffen würde. Viele kenterten oder wurden auf den Strand gespült. Doch als der Regen mehr und mehr zunahm, gab es auch die ersten Boote, die es bis ins Meer schafften. Wir jubelten und ich erfreute mich wie ein Kind an diesem Moment, den ich mit den beiden genießen durfte.

Dann gesellte sich Kiri zu uns und fragte mich: »Kennst du *die Geschichte von der Frau und den grauen Wolken*?« Ich antwortete: »Nein, worum geht es?«

Und Kiri erzählte mir die Geschichte, die folgendermaßen ging:

Es gab einmal eine Frau, die jeden Tag mit dem Wetter haderte. Im Winter war es zu kalt. Sie mochte keinen Schnee und Eis schon gleich gar nicht. Im Frühjahr war der Schnee zwar geschmolzen, aber es regnete häufig und warm genug war es ihr auch nicht. Dann aber kam der Sommer. Regen gab es dann nur noch seltener, aber es war ihr von heute auf morgen zu heiß. Der Herbst wiederum war zu windig. Und so lebte diese Frau über das ganze Jahr hinweg mit einem steten Groll auf das Wetter. Sie war der Überzeugung, dass sich irgendjemand da oben mit ihr einen Scherz erlaubte und das Wetter nur für sie unpassend gestaltete. Sie grämte sich so sehr über das Wetter, dass sie viele schöne Dinge im Leben verpasste: Sie ging nie Schlittenfahren im Winter, nie wandern im Frühling, nie baden im Sommer und ließ keine Drachen steigen im Herbst. Sie war so damit beschäftigt, etwas Negatives zu sehen, dass sie die Schönheit, die in allen Jahreszeiten liegt, nicht sehen konnte. Ihr ganzes Leben war verhangen voller grauer Wolken, die nur über ihr schwebten.

»Diese Geschichte besagt also, dass die Schönheit der Dinge im Auge des Betrachters liegen?«, fragte ich. »Oftmals muss man seinen Blickwinkel nur ein ganz klein wenig ändern, um ein komplett neues Bild zu betrachten«, sagte Kiri. »Das Wetter ist etwas, was wir nicht ändern können. Wir können uns aber darauf einstellen. Wir können uns Pläne und Verhaltensweisen zurechtlegen, wie wir auf bestimmtes Wetter reagieren. Schau dir unsere beiden Jungs an. Früher waren sie traurig, wenn es regnete, da sie dann keine Sandburgen bauen konnten. Dann hatte Tata die Idee, Schiffe mit ihnen zu basteln. Er nannte sie die Regenflussschiffe und erzählte unseren Jungs, dass diese Schiffe nur schwimmen können, wenn genügend Wasser vom Himmel kommt, dass es kleine Flüsse gibt, die die Boote zum Meer fahren lassen. Seit diesem Tag an hat sich die Einstellung zum Regen für unsere beiden Jungs schlagartig verändert. Sie jubeln und freuen sich immer wenn es regnet, da sie dann endlich wieder ihre Boote fahren lassen können.«

»Dann sind eure beiden Kinder bereits weiter als ich«, gab ich zu. »Immer wenn es regnet, ziehe ich meinen Kragen hoch und meine Miene verfinstert sich automatisch.« »Wird dadurch das Wetter besser?«, fragte mich Kiri mit einem schelmischen Grinsen. »Nein«, ich musste dabei lachen. »Dummerweise ändert sich nur schlagartig meine Laune.«

»Das Wetter steht aber für noch mehr in dieser Geschichte«, sagte Kiri. »Für was denn noch?«, wollte ich wissen. »Es steht sinnbildlich für alle Begebenheiten im Leben, die wir nicht ändern können. Es steht für alles, auf das wir im Leben nur reagieren können - wie eben das Wetter. Wir haben keinen Einfluss darauf, wir können nicht verhindern, dass es regnet. Wir haben es allerdings vollkommen in der Hand, wie wir darauf reagieren. Lernen wir im Regen zu tanzen oder verziehen wir uns schlecht gelaunt in unsere Hütte? Die Kunst ist es nicht, bei Sonnenschein gut gelaunt zu sein. Das kann jeder. Wobei, nur fast jeder, wenn wir der Geschichte von der Frau und den grauen Wolken Glauben schenken. Die wahre Kunst liegt darin, im Regen, im Wind oder auch in der eisigen Kälte zu tanzen.«

Ich holte mein Notizbuch aus der Hosentasche und fing an zu schreiben.

16

Am heutigen Abend machten wir einen Spaziergang mit Tatas Familie. Tata nahm Lui auf die Schultern, da er vom vielen Herumwuseln den ganzen Tag über schon ganz müde war. Ninni war immer noch auf den Beinen und flitzte durch den Sand. Wir gingen zu einer kleinen Bucht, an der wir eine Schar Kinder beim Spielen beobachteten.

»Was spielen die Kinder da?«, wollte ich wissen. »Ich weiß es!«, rief Ninni voller Vorfreude aus. »Sie spielen Kugelrollen.« Eines der Kinder, ein Mädchen zwischen zehn und 16 Jahren, noch genauer konnte ich das wirklich nicht einschätzen, hatte eine Kokosnuss in der Hand und lief auf eine grob begradigte Bahn aus Sand zu. An einer mit Bananenblättern markierten Stelle ließ sie die Kokosnuss losrollen und versuchte sie in einem der vier Löcher, die ungefähr vier Meter von ihr entfernt waren, zu versenken. Es gelang ihr leider nicht und das nächste Kind war an der Reihe. Das Spiel erinnerte mich entfernt an Bowling mit dem Unterschied, dass es keine Pins gab, die man treffen musste, sondern Löcher.

»Hast du das Spiel auch schon einmal gespielt?«, wollte ich von Ninni wissen. »Na klar«, sagte er ganz selbstverständlich. »Ich bin wirklich gut im Kugelrollen.« Ninni rannte zu den anderen Kindern und sie klatschten ab und alberten herum. »Ninni ist *wirklich* gut in diesem Spiel«, sagte Kiri. »Und es ist das Spiel, bei dem er eine der wichtigsten Lektionen über das Leben selbst gelernt hat.«

»Wirklich?«, wollte ich wissen. »Was hat er denn gelernt?« »Um dir das zu erklären, muss ich dich erst kurz in die Regeln des Spiels einweihen«, sagte Kiri. »Jeder Spieler hat insgesamt zehn Würfe. Bei diesen Würfen versucht er seine Kokosnuss so oft wie nur möglich in einem der Löcher zu versenken. Jeder gelungene Versuch ergibt einen Punkt. So kann man zehn Punkte als Höchstpunktzahl erreichen.«

»Verstanden«, sagte ich. »Jetzt ist es aber so, dass unser Ninni ein sehr ehrgeiziger Spieler ist«, sagte Kiri. »Er spielt um zu gewinnen.« »Wer tut das nicht?«, fragte ich. »Vom Prinzip her vermutlich die meisten und da ist auch nichts Verwerfliches dabei«, sagte Kiri. »Der Knackpunkt bei ihm war, dass er sich so sehr aufs Gewinnen konzentrierte, dass jeder der zehn Würfe eine pure Anspannung für ihn war. Er konnte sich während eines Spiels noch nicht einmal darüber freuen, wenn er ein Mal getroffen hatte. Erst wenn er das Gesamtspiel gewinnen konnte, war er glücklich. Und das auch nur solange, bis die nächste Runde begann und er wieder hochkonzentriert und verbissen Kugel um Kugel rollte.«

»Was geschah dann?«, wollte ich wissen. »Eines Tages spielten nur Ninni und ich Kugelrollen«, erzählte Kiri. »Ninni hatte fünf Punkte, ich sechs. Wir hatten beide noch zwei Würfe. Man konnte Ninni die Anspannung förmlich ansehen. Er konzentrierte sich und glich mit seinem vorletzten Wurf aus. Ich hatte an diesem Tag Pech, meine beiden letzten Würfe gingen beide daneben. Ninni nahm Anlauf für seinen letzten Wurf, zielte und - traf. Er hatte das Spiel noch gedreht und sieben zu sechs gewonnen. Wir freuten uns und lachten.

Wie vorhin schon erwähnt, fällt die ganze Anspannung am Ende des Spiels von ihm ab. Ninni aber fragte mich: *Mama, ich habe doch gewonnen, warum freust du dich denn auch?* Und ich fragte zurück: *Wer legt denn fest, wann ich mich freuen darf?* Darauf schaute er mich mit großen Augen an und meinte: *Na, die Spielregeln.* Worauf ich nur erwiderte: *Ich freue mich, wann ich will. Ich stelle meine eigenen Regeln auf.*

Ninni dachte über diese Worte lange nach, dann fragte er: *Mama, kann ich auch meine eigenen Regeln fürs Freuen aufstellen?* Ich antwortete: *Es ist dein Leben, das sollst du sogar ganz unbedingt.* Ninni antwortete: *Gut, dann freue ich mich ab jetzt immer wenn ich eine Kugel versenke, nicht erst am Ende eines Spiels.*

Und so kam es, dass unser Großer noch viel mehr Freude an diesem Spiel entwickelte. Er freute sich über jeden Treffer. Sollte er zusätzlich auch noch das Spiel gewinnen, freute er sich natürlich noch einmal. Aber so hat er es für sich geschafft, sein Spiel zu definieren. Mit der Anzahl an Freuden, die er für richtig hält.«

Ich setzte mich einen Moment in den Sand und zog mein Notizbuch heraus.

17

Am heutigen Tag fuhr Tata bereits sehr früh zum Fischen. Früher als ich überhaupt aufgestanden war. Tata hatte mir erzählt, dass er sich verschiedene Varianten seines Lieblingstags zurechtgelegt hat: An manchen Tagen frühstückte er mit seiner Familie und wurde erst danach produktiv, an anderen war er bereits sehr früh unterwegs, um dann den kompletten Nachmittag für seine Frau und seine Kinder Zeit zu haben.

So half ich Kiri am heutigen Tag mit dem Frühstück und ihren beiden Jungs. Kiri strahlte so eine unglaubliche Ruhe und Ausgeglichenheit aus, die ich bewunderte. Nichts schien sie aus der Fassung zu bringen. Egal welche Streiche ihre Söhne ausheckten oder welche Streitereien sie austrugen, Kiri hatte einfach die Ruhe weg. Als wir mit dem Frühstück fertig waren und die Jungs zum Spielen zum Strand vor der Hütte rannten, hatten wir Zeit, uns zu unterhalten.

»Was ist das Geheimnis deiner Gelassenheit?«, wollte ich wissen. »Ich denke nicht, dass es ein Geheimnis ist«, sagte Kiri. »Aber ich habe für mich herausgefunden, wie ich Situationen, die ich selbst erlebe, gleichzeitig als erlebende Person und auch als Betrachter wahrnehmen kann.« »Wie stellst du das an, wenn du doch selbst aktiver Teilnehmer der Situation und damit direkt betroffen bist?«, fragte ich.

»Während viele Menschen impulsiv und aus einer Laune heraus handeln, sehe ich mich nicht als so einen Menschen. Das passt nicht zu dem, wie ich mich selbst definiere. Ich möchte in jeder Situation liebevoll und besonnen reagieren. Impulsive Menschen reagieren oft innerhalb der ersten halben Sekunde. Diese Reaktionen bereuen sie ein paar Minuten später oft selbst. Um nicht in diese Verlegenheit zu geraten, reagiere ich nicht sofort. In Situationen, in denen viele Menschen ausrasten und ich wahrscheinlich auch impulsiv handeln würde, wenn ich sofort reagieren müsste, atme ich drei Mal tief ein und wieder aus und versuche die Situation als unbeteiligter Beobachter zu betrachten.

Während dieser Atemzüge stelle ich mir folgende Fragen: Objektiv gesehen, was ist gerade geschehen? Warum hat er oder sie das wohl getan - um mich zu ärgern oder gibt es eine andere Motivation, die ich nur noch nicht kenne? Und wurmt mich diese Angelegenheit noch in einem Tag, in einer Woche oder in einem Jahr? Meistens komme ich dann zu der Erkenntnis, dass es weder böswillige Absicht war, noch dass es mich in einer Stunde noch wurmen würde. Und wenn ich zu diesem Entschluss gekommen bin, gibt es für mich keinen Grund, mich künstlich aufzuregen.«

»Davon würde ich mir auch gerne eine Scheibe abschneiden«, sagte ich. »Viel zu oft reagiere ich impulsiv und lasse meine Wut an Leuten aus, die nicht einmal etwas dafürkönnen, sondern nur zur falschen Zeit am falschen Ort sind.«

»Es würde mich sehr freuen, wenn ich dir dabei weiterhelfen kann. Zwei Tipps zum Start:

1. Dein Verhalten basiert zu 100% darauf, wie du dich als Mensch definierst. Wenn du dich als Mensch definierst, der nicht wegen Kleinigkeiten aus der Haut fährt, wird es sich für dich nicht richtig anfühlen, wenn du ausrastest und die Beherrschung verlierst. Es ist dann wider deines Naturells. Das bist nicht du. Dementsprechend wirst du alles Notwendige dazu tun, dass du dich so verhältst, wie du dich definierst. Natürlich geht das nicht von heute auf morgen, aber der Lernprozess wird dich dahin bringen, dass du nichts mehr tun wirst, was sich für dich falsch anfühlt.

2. Die Beziehung zu dir selbst ist die Basis aller zwischenmenschlichen Beziehungen. Wenn du mit dir selbst im Reinen bist, dann strahlst du das auch aus. Du hast mehr Liebe zu geben und du kannst leichter verzeihen - dir und auch anderen. Wenn du noch nicht an dem Punkt angekommen bist, an dem du dich selbst gut leiden kannst, bist du noch viel zu sehr mit dir selbst beschäftigt, als dass du dich vollständig auf die Beziehungen zu anderen Menschen fokussieren könntest. Und darunter leidet natürlich auch deine Fähigkeit, gelassen mit herausfordernden Situationen umzugehen«, erzählte Kiri.

»Ehrlich gesagt bin ich mit vielen meiner Charaktereigenschaften unzufrieden«, gab ich zu. »Ich finde, du bist ein toller Mensch«, sagte Kiri. »Die eigene

Wahrnehmung hinkt da öfter leider hinterher. In welchen Bereichen siehst du noch Verbesserungspotenzial?« »Einerseits, wie schon erwähnt, in meiner impulsiven Art. Ich habe nicht das Gefühl, souverän mit sämtlichen Situationen umgehen zu können. Wenn ich mich überfordert fühle, reagiere ich häufig schroff und verletzend. Im Nachhinein bereue ich das sehr. Das würde ich gerne abstellen. Andererseits bin ich außerhalb meiner Arbeit sehr wenig mit anderen Menschen in Kontakt. Das macht mich einsam.«

»Und wenn du diese beiden Charaktereigenschaften für dich umgesetzt hättest, könntest du dich dann gut leiden?«, wollte Kiri wissen. Ich überlegte und antwortete nach einer Weile: »Ja, dann wäre ich ein Mensch, den ich mögen könnte.« Kiri lachte: »Wenn's mehr nicht ist. Kennst du Menschen, die diese Werte bereits leben?« »Beim Thema Gelassenheit und souveränem Umgang in sämtlichen Lebenslagen sitzt mein Vorbild gerade direkt neben mir«, sagte ich.

Kiri musste schmunzeln: »Sehr gut. Dann versuche, immer wenn du wütend wirst und impulsiv reagieren möchtest, dich an mich und an dieses Gespräch zu erinnern. Vielleicht machst du dir auch ein paar Notizen, die du dann herausholst, wenn du in Versuchung gerätst, wieder in alte Verhaltensmuster zurückzufallen. Gelassenheit ist für mich eine Facette meines Glücks.

Dann zu deiner zweiten Charaktereigenschaft, die dir fehlt oder noch nicht weit genug ausgeprägt ist. Kennst du jemanden, der genau das verkörpert, was du gerne hättest?« »Mein Arbeitskollege Jason ist genau so ein Typ, wie ich es außerhalb der Arbeit gerne wäre«, sagte ich. »Er geht an den Wochenenden surfen, zu BBQs und scheint es verstanden zu haben, wie man seine Freizeit nutzt. Ich leide jeden Wochenbeginn sehr, wenn er erzählt, was er Grandioses am Wochenende erlebt hat, während ich wieder nicht von meiner Arbeit losgekommen bin.«

»Wenn du bereits weißt, wo du hinmöchtest, fehlt dir also nur noch ein Reiseleiter, der dir die wichtigsten Wegpunkte erklärt. Hast du mit Jason bereits einmal darüber gesprochen?«, wollte Kiri wissen. »Nein, wo denkst du hin? Was soll Jason denn von mir denken? Dass ich selbst nicht in der Lage bin, meine Freizeit so zu gestalten, dass sie mir gefällt?« »Bist du das denn?«, bohrte Kiri nach. »Nein, leider nicht. Aber ich kann ihn doch nicht einfach so fragen, ob er Tipps für mich hat. Da mach ich mich doch komplett lächerlich.« »Lächerlich vor wem?«, fragte Kiri. Ich dachte angestrengt nach und kam zu der Erkenntnis: »Vor mir selbst. Vor meinem Stolz.«

»Also hält dich dein Stolz davon ab, deine Freizeit so zu leben, wie du sie gerne leben würdest?«, wollte Kiri wissen. »So sieht es wohl aus«, antwortete ich. »Dann bleiben dir wohl zwei Möglichkeiten: Erstens, du bleibst weiterhin ein stolzer, unglücklicher Mann oder zweitens, du überwindest deinen Stolz und lernst neue Wege zu gehen.« »Wenn du das so sagst, erscheint mir die Wahl vollkommen einleuchtend. Vielleicht reagiert Jason ja doch positiver auf meine Anfrage, als ich denke«, sagte ich. »Jason wird sich geschmeichelt fühlen.

Erzähl ihm einfach genau dasselbe, das du mir gerade erzählt hast«, sagte Kiri.

Ich zog mein Notizbuch aus der Tasche und fing an zu schreiben.

18

Am nächsten Tag ging Tata mit mir seinen Schwager besuchen. Der Bruder seiner Frau war der beste Schiffsbauer der Insel. Gut, er war auch der einzigste Schiffsbauer der Insel, von daher war dieser Titel nicht sonderlich schwer zu erreichen gewesen. Dennoch hatte Tata mir versichert, dass sein Schwager wirklich geniale Schiffe baut. Er wohnte etwas abgeschieden in einer kleinen Bucht, die nicht einmal 15 Minuten von Tatas Hütte entfernt lag.

»Hallo Miki, schön dich zu sehen!«, begrüßte Tata seinen Schwager. »Ebenso schön dich zu sehen, Tata«, antwortete Miki. »Du hast unseren Besucher mitgebracht. Freut mich dich kennenzulernen, Hoa Pili Hou«. *»Nun benutzte Miki auch diesen seltsamen Namen für mich.«* »Hallo Miki, es freut mich auch, deine Bekanntschaft zu machen«, sagte ich, als wir uns die Hand gaben. Miki hatte einen äußerst festen Händedruck, was wahrscheinlich seiner Arbeit als Schiffsbauer geschuldet war.

»Tata hat mir erzählt, dass du fantastische Schiffe baust«, sagte ich. »Wie immer übertreibt mein Freund, trotzdem führe ich euch gerne in meiner bescheidenen Werkstatt herum«, antwortete Miki und wir folgten ihm in den Anbau neben seiner Hütte. Was ich dort sah, brachte mich aus dem Staunen nicht mehr heraus. Aufgestapelt lagen hier mindestens ein Dutzend frisch geschnitzter Kanus. Tata hatte nicht übertrieben, sein Schwager schien wirklich ein Händchen für Boote zu haben. Jedes Einzelne glich einem Meisterstück an Handwerkskunst. Geschaffen nur von seinen Händen und ein paar sehr einfach anmutenden Werkzeugen, die auf seiner Werkbank aus Holz lagen.

»Wie lange baust du schon Boote?«, fragte ich neugierig. »Ich habe im letzten Jahr damit begonnen«, antwortete Miki zu meinem Erstaunen. »Ich hätte vermutet, dass du bereits dein ganzes Leben lang Boote baust, so makellos wie sie aussehen«, gestand ich ehrlich. »Miki hatte bis vor kurzem einen anderen Beruf, der ihn aber nicht mehr erfüllt hat«, sagte Tata und grinste. »Was war denn dieser Beruf?«, fragte ich neugierig. »Ich war Fischer, wie mein Schwager«, sagte Miki. »Allerdings war ich weder sonderlich begabt, noch hat mich die Ausfahrt mit den Booten sonderlich erfreut. Du musst wissen, dass ich leicht seekrank werde und einen flauen Magen bekomme, wenn ich auf dem Meer bin.«

»Da erscheint mir Fischer in der Tat nicht die allerbeste Berufswahl«, sagte ich. »Stimmt. Als ich herausgefunden habe, dass ich nicht zur See fahren möchte, habe ich für mich überlegt, was mich dann fasziniert«, sagte Miki. »Und er hat herausgefunden, dass er sich hervorragend nützlich machen kann, indem er uns die besten Schiffe baut, die es gibt«, sagte Tata und klopfte seinem Schwager anerkennend auf die Schulter. »Als mir bewusst wurde, dass ich zwar selbst nicht aufs Meer fahren möchte, aber gut in Holzbearbeitung bin, habe ich mein erstes Boot gebaut. Ich habe es für Tata gebaut und stolz verkündet, dass, wenn es nicht untergeht, ich jedem auf dieser Insel ein Kanu schnitzen würde«, sagte Miki. »Und, ist es untergegangen?«, wollte ich wissen. »Keinen Zentimeter mehr, als ein gutes Boot ins Wasser eintauchen sollte. Miki hat ausgezeichnete Arbeit geleistet und seitdem ist er schwer damit beschäftigt, sein Versprechen von damals einzuhalten und baut fleißig Kanus für alle auf unserer Insel«, sagte Tata.

»Was machst du beruflich?«, wollte Miki von mir wissen. »Ich arbeite als Manager in einem großen Unternehmen mit mehreren tausend Angestellten. Den ganzen Tag sitze ich in Meetings und treffe strategische Entscheidungen, um den Firmengewinn für unsere Shareholder zu maximieren«, sagte ich. »Und, erfüllt dich dein Beruf?«, fragte Miki. »Es gab eine Zeit, in der er das tat. Heute weiß ich es allerdings nicht mehr so genau«, antwortete ich. Miki nickte verständnisvoll. »Mir ging es damals auch nicht anders«, sagte er. »Ich war immer Fischer, seitdem ich mich erinnern konnte. Etwas Neues anzufangen und etwas Bekanntes zurückzulassen, kann einem Angst machen.« »Hast du deine Entscheidung von damals bereut?«, fragte ich Miki. »An keinem einzigen Tag. Und mein Magen ist mir für meine Entscheidung immer noch unendlich dankbar«, sagte Miki und wir mussten lachen.

Wir verließen die Werkstatt und setzten uns ans Meer. »Was gedenkst du mit dieser Erkenntnis zu tun?«, fragte mich Miki. Ehrlicherweise wusste ich keine

Antwort auf diese Frage. »Was habe ich denn für Optionen?«, fragte ich zurück. »Nun«, sagte Miki, »du kannst zum einen natürlich dem Weg folgen, den du eingeschlagen hast, wohl wissend, dass du damit nicht glücklich werden wirst. Zum anderen kannst du dich auch dazu entscheiden, einen neuen Weg einzuschlagen, wie ich es getan habe.« »Was mache ich aber, wenn ich nicht *genug Geld* mit einem anderen Beruf verdiene?«, fragte ich Miki. »Was bedeutet genug Geld für dich?«, wollte Miki wissen. »Na, ich muss mindestens mal essen und wohnen und Kleidung wäre auch ganz hilfreich in meiner Welt«, antwortete ich. »Und du hast Bedenken, dass du diese bescheidenen Ziele mit einem Beruf, der dir Spaß macht, nicht erreichen könntest?«, fragte Miki. »*Punkt für dich*«, dachte ich bei mir.

»Aber was ist, wenn ich wirklich nicht gut bin in dem Beruf, den ich mir aussuche?«, wollte ich wissen. »Bist du gut in deinem jetzigen Beruf?«, wollte Miki wissen. »Ja, sehr sogar«, antwortete ich. »Und das, obwohl dir dein jetziger Beruf noch nicht einmal Spaß bereitet?«, fragte Miki. »Ja«, antwortete ich zögerlich, da ich nicht so recht wusste, worauf Miki hinauswollte. »Dann stell dir doch nur mal vor, wie gut du in einem Beruf werden könntest, der dich wirklich interessiert. Für ein Thema, für das du Feuer und Flamme bist«, sagte Miki.

»*Warum bin ich da nur nie selbst darauf gekommen?*«, fragte ich mich und zückte mein Notizbuch.

19

»Lass uns noch einmal auf deine Frage nach dem *Genug-Geld-Verdienen* zurückkommen. Kennst du die zwei Arten reich zu sein?«, fragte mich Miki. »Zwei Arten? Ich kenne nur eine Art: Reich bist du dann, wenn du dir alles kaufen kannst, was du nur willst«, antwortete ich.

Miki nickte. »Das ist die eine, weitreichend bekannte Art des Reichseins. Es gibt aber noch einen zweiten Weg. Dazu müssen wir uns aber erst einmal ansehen, wie sich Reichtum definiert.« »Jetzt kommt wieder eine seiner mathematischen Formeln«, sagte Tata feixend. »Du musst wissen, Miki ist hervorragend mit Zahlen und Formeln, die braucht er dazu, seine Boote makellos auszuloten.«

»Die Formel von Reichtum ist ganz einfach: Reichtum ist der Quotient aus Befriedigung durch Bedürfnisse«, sagte Miki. Tata rollte mit den Augen und sagte: »Einfacher ausgedrückt: Dein Reichtum legt sich fest, indem du deine Befriedigung durch deine Bedürfnisse oder Ansprüche teilst.«

»Sag ich ja. Um jetzt also deinen Reichtumsquotienten so hoch wie nur irgend möglich werden zu lassen, kannst du entweder den Dividend so groß werden lassen, wie möglich. Oder aber den Divisor so klein werden lassen, wie möglich«, sagte Miki. Ich muss wohl ziemlich ahnungslos aus der Wäsche geguckt haben, zumindest sprang mir Tata direkt wieder mit einer Erklärung in seinen Worten zur Seite. »Was mein Schwager sagen möchte: Du kannst reich sein, indem du entweder deine

Befriedigung immer weiter nach oben schraubst. Das ist der von dir beschriebene Weg. Du verdienst immer mehr Geld und gibst es auch zu deiner Befriedigung aus. Deine Befriedigung ist hoch, deine Bedürfnisse allerdings auch. Dadurch musst du immer mehr Geld verdienen, da du auch immer mehr Geld ausgibst. Der zweite, interessantere Weg ist allerdings, deine Bedürfnisse nach unten zu schrauben. Was brauchst du im Leben denn wirklich, was du mit Geld kaufen kannst?«, fragte Tata.

»Wirklich essenziell notwendig sind wohl die wenigsten Dinge. Ich nutze meine Kreditkarte meistens, um mich für anstrengende Arbeitswochen oder zahlreiche Überstunden zu belohnen. Für mich ist das zu einer Art Ausgleich geworden. Eine Wiedergutmachung für die Zeit, die ich lieber anderweitig verwendet hätte«, sagte ich.

»Und wenn du jetzt deine Bedürfnisse nach unten schrauben würdest, was würde dann mit deinem Reichtum passieren?«, fragte Miki. »Wenn die Zahl im Nenner kleiner wird, wird das Ergebnis zwangsläufig größer«, sagte ich. »Du hast es verstanden«, strahlte Miki. »Du kannst also deinen Reichtum auch erhöhen, indem du deine Bedürfnisse nach unten schraubst. Mit diesem Ansatz stellst du dir die Frage nicht mehr, ob du einen Beruf, den du mit deiner vollen Leidenschaft ausübst, tatsächlich in Erwägung ziehen solltest, weil du darüber nachgrübelst, ob du dir weiterhin all die schönen Dinge kaufen kannst, die du gar nicht brauchst. Wenn du einen Beruf findest, der dich erfüllt, ist das Geld, das du mit ihm verdienst, Nebensache. Du verbringst so deine Lebenszeit mit etwas, das dich erfüllt und dir entspricht.«

»Und noch etwas ganz Wichtiges: Reichtum wird nicht in Geld gemessen«, ergänzte Tata.

Wieder holte ich mein Notizbuch heraus und fing an zu schreiben.

20

Abends saßen Tata, Miki und ich vor Mikis Hütte und wir schürten ein Lagerfeuer. Die Nachtruhe kehrte über dem Inselparadies ein und auch die sonst so verspielten Affen ließen sich langsam aber sicher auf ihren Bäumen nieder und kamen zur Ruhe.

»Miki hat noch eine weitere tolle Formel, willst du sie hören?«, fragte mich Tata. »Wovon handelt diese Formel?«, wollte ich wissen. »Wie so oft geht es dabei ums Glücklichsein«, antwortete Miki und fragte mich: »Bist du gut im Prozentrechnen?« »Zahlen sind meine Welt, ich prüfe unsere Geschäftsberichte«, antwortete ich. »Gut«, sagte Miki. »Wie viel sind 100%?«

»100% sind 100 von 100 möglichen Punkten, also alles«, antwortete ich. »Richtig«, sagte Miki. »100% ist alles. Ich habe für mich herausgefunden, wie viel von diesem *alles* ich in der Gegenwart, in der Vergangenheit und in der Zukunft verbringen möchte, um maximal glücklich zu sein.«

»Und, wie lautet deine Aufteilung?«, wollte ich wissen. »10 - 75 - 15«, sagte Miki. »Die ersten 10% stehen für die Vergangenheit. Ich erinnere mich am liebsten an die schönen Dinge, die mir widerfahren sind. Diese schreibe ich mir auf und hole meine Bücher alle paar Wochen wieder hervor und schwelge in Erinnerungen.« »Noch so ein Notizbuchfreak«, dachte ich bei mir, ließ ihn aber ausreden. »Dort sind auch Fehler vermerkt, die ich begangen habe. Es geht mir dabei nicht darum, dass ich mich noch einmal über meinen Fehler ärgern soll, sondern darum, die Lehre aufzufrischen, die ich aus diesem Fehler gezogen habe. Mehr beschäftige ich mich nicht mit der Vergangenheit. Als gutes Beispiel für eine gelernte Lektion dient meine schlechte Berufswahl vor dem Bootebauen.

75% meiner Gedanken fokussiere ich auf die Gegenwart. Nur in der Gegenwart kann ich glücklich sein, denn nur hier lebe ich. Meine Schwester hat mir viele gute Tricks gezeigt, um achtsam durchs Leben zu gehen. Dank ihrer Hilfe finde ich immer wieder in die Gegenwart zurück und lebe mein Leben bewusst im Hier und Jetzt.

Die verbleibenden 15% widme ich der Zukunft. Die Zukunft birgt sowohl das Potenzial des Vorfreuens, als auch des Sorgenmachens. Das hängt ganz von dir und deiner Einstellung zum Leben ab. Freust du dich auf deine Zukunft? Oder schaust du voller Sorgen und Ängste in deine Zukunft? Ich habe mich fürs Freuen entschieden. Ich bin ein positiver Mensch und Zukunftsängste passen nicht zu mir. Da ich noch viele Pläne für mein Leben habe, habe ich für mich entschieden, dass ich mich mehr mit der Zukunft, als mit der Vergangenheit beschäftigen möchte.«

»Wie zum Beispiel für die ganze Insel Kanus bauen«, sagte Tata und wir mussten alle lachen. »Ich kenne viele Leute, die zum Großteil in der Vergangenheit oder aber in der Zukunft leben. Ein paar meiner besten Freunde hängen so sehr an der Vergangenheit, dass sie in der Gegenwart nur noch herumsitzen und von längst Vergangenem reden. Sie kommen überhaupt nicht auf die Idee, heute noch etwas zu erschaffen«, sagte ich.

»Das geht vielen Menschen so. Sie haben kein gesundes Maß an Zeit, dass sie sich für die Gegenwart reserviert haben. Wir nennen diese beiden Gruppen *Vergangenheitsnachhänger* und *Zukunftstänzer*. Die Vergangenheitsnachhänger hast du bereits gut beschrieben. Sie leben in der Vergangenheit und schwelgen in Erinnerungen an längst vergangene Zeiten. Die Zukunftstänzer planen ihr ganzes Leben lang. Sie machen sich Gedanken und Pläne für ihre Zukunft. Das ist per se nichts Schlechtes. Allerdings verfeinern sie ihre Pläne wieder und wieder, ohne ins Handeln zu kommen, und das wird ihnen zum Verhängnis. Sie sind so davon fasziniert, einen perfekten Plan zu ersinnen und diesen erst dann in die Tat umzusetzen, wenn er makellos ist und alle Unwägbarkeiten beachtet hat. Und weil es nun einmal keine perfekten Pläne gibt, kommen diese Menschen nie ins Handeln. Sie reden immer nur über die Zukunft und was sie eines Tages alles machen werden, doch tun es niemals.

Ich habe für mich herausgefunden, dass ich mir immer erst in aller Ruhe initial Gedanken mache und einen Plan zurechtlege. Dann mache ich mich an die

Ausführung und während der Ausführung verfeinere ich meinen Plan Stück für Stück. Es kommen immer Herausforderungen ins Spiel, die ich selbst mit noch so gründlicher Vorausplanung niemals vollumfänglich hätte voraussehen können«, erzählte Miki.

Ich holte mein Notizbuch heraus und fing an zu schreiben.

21

Am nächsten Morgen war Tata unterwegs, um den Männern seines Stammes zu helfen. Sie errichteten zusammen eine neue Hütte, da ein junges Paar entschieden hatte, von nun an zusammenzuwohnen. Ninni und Lui hörten sich gerade eine Geschichte von Kiri an. Sie war eine tolle Erzählerin und die beiden klebten förmlich an ihren Lippen. Da ich von den Dorfbewohnern wohl entweder als zu schwächlich oder als handwerklich zu ungeschickt eingestuft wurde, blieb ich bei den dreien und lauschte *der Geschichte des mutigen Loyds*:

Es gab einmal einen Fisch, der hieß Loyd. Er war mutig und immer auf der Suche nach neuen Abenteuern. Seine Freunde aber waren nicht die geborenen Abenteurer. Immer wenn Loyd nun also zu ihnen kam und sagte, »Heute bestehen wir ein neues Abenteuer!«, waren die anderen ganz schreckhaft und nicht von seinen Ideen begeistert. Dies ging so weit, bis Loyd selbst eines Tages keine Lust mehr auf Abenteuer hatte. Sie hatten sein Feuer gelöscht.

Dies bemerkte ein alter Zitteraal. Er hatte sich immer an Loyd und seiner sprühenden Art erfreut, merkte jetzt aber, dass etwas nicht stimmte. Deswegen schwamm er zu Loyd, der traurig unter einer Koralle lag und sich langweilte. »Was hast du, Loyd?«, wollte der alte Aal wissen. »Ich bin traurig. Ich wollte so gern ein Abenteurer sein, aber ich bin wohl doch nicht dafür geboren - das sagen zumindest meine Freunde«, antworte Loyd. »Hast du selbst auch das Gefühl, dass du nicht zum Abenteurer geboren bist?«, fragte der Zitteraal. »Ich fühle mich heute einfach nicht danach«, antwortete Loyd.

»Ich erzähle dir einmal etwas über andere Fische: Da gibt es die Mutigen, die ihren eigenen Weg schwimmen wollen. Dann gibt es die Ängstlichen, die Angst davor haben, ausgeschwommene Wege zu verlassen. Trifft nun so ein Mutiger auf einen Schwarm Ängstlicher, versuchen diese Ängstlichen, den Mutigen zu einem von ihnen zu machen. Sie fürchten seinen Mut, da sie durch ihn an ihre eigene Ängstlichkeit erinnert werden. Deswegen säen sie Zweifel in ihm: Das schaffst du nie, Du bist nicht dazu geboren, Das ist eine Nummer zu groß für dich, … Sie wollen sich dadurch besser fühlen, um sich vor sich selbst rechtfertigen zu können, warum sich mutig sein sowieso nicht lohnt. Nun bist du aber einer der Mutigen und entscheidest selbst, welcher der richtige Weg für dich ist. Ich verrate dir ein Geheimnis: Dort hinten, in der Bucht bei den Seesternen, spielen immer zwei mutige Fische. Du könntest doch einmal dorthin schwimmen und mit ihnen spielen.«

»Oh ja, das werde ich«, sagte Loyd und machte sich auf die Flossen. An den folgenden Tagen sah der alte Zitteraal Loyd wieder mit dem bekannten Elan und Feuer unter den Schuppen, der ihn so erfreute. Er schwamm zu Loyd hinüber und

wollte wissen: »Wie ist es dir ergangen?« »Amy und Tyler sind große Klasse. Wir spielen jetzt jeden Tag miteinander. Wenn ich ihnen von meinen Ideen erzähle, sind sie gleich Feuer und Flamme und unterstützen mich«, erzählte Loyd enthusiastisch. »Und siehst du deine früheren Freunde auch noch?«, wollte der alte Aal wissen. »Nein. Ich habe für mich bemerkt, dass sie nicht mein Lebensfeuer nähren, sondern es nur löschen wollten«, sagte Loyd. Der alte Zitteraal nickte zufrieden und schwamm seiner Wege.

Damit endete Kiris Geschichte. »Was könnt ihr daraus lernen, meine schlauen Jungs?«, fragte Kiri ihre beiden Söhne. »Such dir gut aus, mit wem du deine Zeit verbringst«, sagte Ninni. »Sei immer mutig!«, rief Lui.

»Richtig«, sagte Kiri. »Ihr allein bestimmt, wer Teil eures Lebens ist. Lasst nicht Menschen Teil eures Lebens sein, die versuchen eure Lebensenergie zu verringern. Lasst dafür Menschen in euer Leben, die euer Leben bereichern und eure Energie erhöhen.«

22

Als Tata am späten Nachmittag nach getaner Arbeit nach Hause kam, erzählte ich ihm von meiner Erkenntnis, wie mein Energieniveau von den Menschen abhängt, mit denen ich mich am meisten beschäftigte. »Umgibst du dich mit Menschen, die dir guttun und dein Energielevel erhöhen?«, wollte Tata wissen.

»Teilweise ja: Ich habe einen sehr guten Freund, mit dem ich regelmäßig nach Feierabend ins Fitnessstudio gehe. Wir trainieren zusammen und unterhalten uns. Nach so einem Abend bin ich zwar körperlich vom Training erschöpft, fühle mich aber super wohl, da ich die Zeit sehr genossen habe.

Teilweise aber auch nicht: Ich habe ein paar Freunde aus Schulzeiten, mit denen ich mich alle paar Monate treffe. Wir gehen dann in eine Bar und reden einfach nur. Manchmal über die alten Zeiten und was wir damals erlebt hatten, das freut mich. Meistens erzählen meine Freunde aber nur über die Probleme in ihrem Leben. Immer wieder dieselben Dinge, über die sie sich aufregen aber nie aktiv etwas dagegen tun. Die Gespräche driften so immer in Negativität ab und nach solchen Abenden fühl mich ausgelaugt und niedergeschlagen«, erzählte ich.

»Das ist gut«, sagte Tata. »Wie meinst du denn das schon wieder? Ich fühle mich schlecht und du meinst, dass das etwas Gutes ist?«, fragte ich mit einem Anflug von Ärger. Tata grinste mich an und sagte: »Es ist nicht gut, dass du dich schlecht fühlst. Es ist allerdings gut, dass du instinktiv genau weißt, was dir guttut und was nicht. Jetzt musst du nur noch entsprechend handeln.«

Ich überlegte einen Moment, was mir Tata damit sagen wollte. »Du meinst, ich solle also mehr Zeit mit meinem Freund im Fitnessstudio verbringen und weniger Zeit mit meinen Freunden in der Bar, da mich diese Abende nicht erfüllen?«, fragte ich. »Da du selbst erkennst, was dein Energieniveau erhöht und was es reduziert, liegt es nun an dir, die Schlüsse daraus zu ziehen und zu handeln«, sagte Tata. »Aber ich kann doch nicht einfach den Kontakt zu meinen alten Freunden abbrechen«, sagte ich. »Das geht doch nicht.«

»Nicht du brichst den Kontakt zu ihnen ab, wenn dann brechen sie den Kontakt zu deinem Leben ab. Sprich ganz offen mit deinen Freunden. Erzähl ihnen, dass du sie gerne triffst, du aber nicht magst, wie sich die Gesprächsthemen entwickeln. Du bist ein positiver Mensch und möchtest dich über positive Themen unterhalten. Auch Probleme, oder besser formuliert, Herausforderungen, die mit handlungsbasierten Lösungen besprochen werden, sind positive Themen. Dinge, über die man sich nur aufregt, aber nichts dagegen unternimmt, sind keine positiven Themen und werden zukünftig nicht mehr besprochen. So haben sie die freie Wahl, ob sie weiterhin Teil deines Lebens sein möchten, oder nicht.«

»Was aber, wenn meine Freunde das gar nicht möchten? Wenn sie gerne solche Abende verbringen, an denen sie nur darüber reden, wie schlecht es ihnen doch geht und sie nichts, aber auch gar nichts dagegen tun können, denn es ist ja nicht ihre Schuld?«, fragte ich. »Wenn das der Fall sein sollte, sind diese Menschen leider nicht in der Lage, dir auf deinem weiteren Weg im Leben zu folgen. In diesem Fall bleibt für beide Seiten nur getrennte Wege zu gehen«, sagte Tata. »Wir auf der Insel haben übrigens verschiedene Typen von Energiereduzierern zusammengetragen, willst du sie kennenlernen?«

»Unbedingt«, sagte ich. »Wie von dir schon erwähnt, gibt es die Leute, die die Vergangenheit glorifizieren.

Alles war damals besser und heute ist alles fürchterlich schlimm und kompliziert. Das sind die *Vergangenheitsnachhänger*. Dann gibt es die Sorte Mensch, die sehr viel über ihre Träume und Ziele redet, leider aber keine Handlungen folgen lässt. Bei uns heißt diese Gruppe *Zukunftstänzer*. Sie träumen davon, wie sie eines Tages in der Zukunft vor Glück tanzen werden, vergessen dabei aber, dass sie nur in der Gegenwart glücklich sein können.

Eine dritte Gruppe sind die *Feuerlöscher*. Das sind die Leute, die dein inneres Feuer löschen wollen. Sie selbst haben für sich beschlossen, immer den Weg des geringsten Widerstands im Leben zu gehen. Sie vermeiden es, Risiken einzugehen oder auch nur neue Dinge auszuprobieren. Wenn nun jemand in ihr beschauliches Leben tritt, der eine gänzlich andere, offene und positive Einstellung zum Leben mit sich bringt, versuchen sie sein inneres Feuer zu löschen. Sie versuchen ihm einzureden, dass es ja sowieso nichts bringt etwas verändern zu wollen, oder dass er es ja sowieso nicht schaffen wird. So versuchen sie sein inneres Feuer zu löschen, um ihn zu einem von ihnen zu machen.

Eins ist aber bei all diesen Gruppen gleich: Sie bringen dich in deinem Leben nicht voran. Sie wollen auch dein inneres Feuer löschen, damit du nicht der einzigste Mensch bist, der in seinem Leben vorankommt. Ganz wichtig für dich ist zu verstehen, dass diese Gruppen alle Schauspieler deines ganz eigenen Bühnenstücks sind. Du selbst schreibst dieses Stück und du selbst entscheidest auch, wie viel Bühnenzeit du wem in deinem

Stück gibst. Du entscheidest auch, wer überhaupt keine Bühnenzeit bei dir bekommt.«

Ich holte mein Notizbuch heraus und fing an zu schreiben.

»Da wir jetzt nur über die Interaktion mit anderen Menschen gesprochen haben: Vergiss dabei nicht, dass du dein eigenes Energieniveau dauerhaft durch eine Stunde am Tag für dich selbst erhöhen kannst. Willst du wissen, wie Miki diese Stunde nennt?«, fragte mich Tata. »Natürlich«, antwortete ich. »Miki nennt es *Meine 4,17*. Wie du sicher schon bemerkt hast, ist Miki ein Fan von Zahlen und Formeln. Und eine Stunde sind nun einmal 4,17% eines Tages«, sagte Tata.

Auch das hielt ich in meinem Notizbuch fest und nahm mir fest vor, diese Zahl nie wieder zu vergessen.

23

Nachdem ich meine Gedanken schriftlich festgehalten hatte, ist mir aufgefallen, dass ich Tata noch gar nicht gefragt hatte, wie sein Tag war. *»Wie unaufmerksam von mir...«*

»Wie ist es gelaufen?«, wollte ich wissen. »Sehr gut. Das junge Paar hatte ganz konkrete Vorstellungen, wie ihr Haus aussehen sollte und hat alles fein säuberlich aufgezeichnet. So war es ein Leichtes für uns, das Haus exakt nach ihren Vorstellungen zu bauen«, antwortete Tata. Da es für mich außerhalb meines Berufes extrem schwierig war, wichtige Entscheidungen zu treffen, die mein Leben beeinflussen oder verändern könnten, brachte mich das auf eine Idee.

»Tata, wie triffst du Entscheidungen in deinem Leben? Wie weißt du immer, was das Richtige für dich ist?«, fragte ich. »Zuallererst kann ich nie sicher wissen, ob sich meine Entscheidung als richtig herausstellen wird«, begann Tata. »Ich weiß allerdings genau, dass ich all meine Entscheidungen vorab mit meinen Werten abgleiche. Dazu stelle ich mir immer die Frage, ob die Entscheidung, die ich treffen werde, zu dem Menschen passt, der ich sein möchte. Handle ich nach meinen Werten? Oder beißt sich meine geplante Entscheidung mit ihnen?«

»Und wie finde ich *meine Werte* für mich heraus?«, wollte ich wissen. »Deine Werte sind die Wegweiser in deinem Leben, nach denen du dein Leben ausrichtest. Wenn du ein Familienmensch bist, wirst du nur Entscheidungen treffen, die mit deiner Familie und deiner Zeiteinteilung im Hinblick auf deine Familie zusammenpassen. Du wirst dich als Familienvater, der viel Zeit mit seiner Familie verbringen möchte, so nicht auf eine Arbeitsstelle bewerben, bei der du viel Zeit getrennt von deiner Familie verbringen müsstest, weil du monatelang unterwegs wärst. Diese Entscheidung wäre entgegen deiner Wertvorstellung«, sagte Tata.

»Wenn ich nun aber nicht genau weiß, was die für mich relevanten Werte sind?«, fragte ich. »Dann stellst du dir die folgenden Fragen: Was ist mir wichtig im Leben? Worauf könnte ich niemals verzichten? Für welche Werte oder Moralvorstellungen sollen mich meine

Mitmenschen in Erinnerung behalten? Welche Werte würde mein bestes Selbst verkörpern? Welche Werte bewundere ich an anderen und würde ich auch gerne besitzen? Die Antworten auf diese Fragen sind die für dich relevanten Wegweiser im Leben.«

»Wenn ich diese Werte für mich herausgefunden habe, bleiben sie dann immer gleich?«, wollte ich wissen. »Das kommt ganz auf den Wert an und welche Bedeutung du ihm zuschreibst. Nehmen wir den Wert *Ehrlichkeit*. Mir ist ein ehrlicher Umgang mit meinen Mitmenschen sehr wichtig. Das war er immer und wird er immer bleiben. Ein anderer meiner Werte ist *Freiheit*. Auch dieser Wert ist mir in meinem Leben sehr wichtig, aber die Definition hat sich im Laufe der Zeit verändert. Wie ich Kiri noch nicht kannte, war ich ungebunden. Unsere beiden Kinder gab es damals natürlich auch noch nicht. Mit Kiri und unseren beiden Jungs ist mir meine Freiheit immer noch sehr wichtig. Aber ich definiere sie anders: Meine Freiheit beginnt an der Stelle, an der ich meine Familie versorgt und gut aufgehoben weiß. Ich fahre nicht wochenlang zur See, ohne auf meine Familie Rücksicht zu nehmen. Trotzdem kann ich aber auch einmal ein Wochenende unterwegs sein, weil ich mich vorher mit Kiri abgesprochen habe und ihr im Gegenzug denselben Luxus zugestehe.«

»Und was passiert, wenn man sich nie über seine eigenen Werte im Leben bewusst wird?«, wollte ich wissen. »Wenn du deine Werte nicht kennst und dadurch auch nicht konsequent nach ihnen handelst und entscheidest, dann befindest du dich im Leben auf einer

Reise ohne Kompass«, antwortete Tata. »Du wirst irgendwo ankommen. Aber dass dieses Irgendwo genau das ist, was du im Leben erreichen möchtest, ist sehr unwahrscheinlich.«

Ich zückte mein Notizbuch und fing an zu schreiben.

24

Am heutigen Abend luden mich meine Gastgeber zu einem BBQ am Strand ein. Wir grillten Maiskolben über dem Feuer, aßen frisch gepflückites Obst und tranken aus Kokosnüssen, die Ninni uns vom Baum geholt hatte. Als Ninni und Lui müde wurden, deckte Tata seine beiden Jungs mit Decken zu und es dauerte nicht lange, bis sie eingeschlafen waren. Die beiden so beim Schlafen zu beobachten, erzeugte ein tiefes Gefühl inneren Friedens in mir.

»Ich habe viel nachgedacht, seitdem ich bei euch bin«, sagte ich zu Kiri und Tata. »Worüber?«, fragte mich Kiri. »Über den Grund, warum ich auf eurer Insel gelandet bin«, sagte ich. »Und, zu welchem Ergebnis bist du gekommen?«, wollte Tata wissen.

»Ich habe das Gefühl, dass ich an einem Scheideweg in meinem Leben angekommen bin. Ich habe das Gefühl, dass ich mich im Leben verlaufen habe und von selbst nicht mehr auf den richtigen Pfad zurückgekommen wäre«, sagte ich.

Kiri sah mir tief in die Augen und nickte verständnisvoll. »Als ich vor sechs Monaten befördert wurde, ging der große Lebenstraum meiner letzten zehn Jahre in

Erfüllung. Ich hätte erwartet, dass ich von Glück durchflutet sein würde, wenn dieser Moment endlich eintreten würde und von jetzt an mein Leben exakt so verlaufen würde, wie ich es mir immer erträumt hatte.

Doch leider war dem nicht so. Mein Glück war nur von kurzer Dauer. Die ersten beiden Tage nach der Beförderung war ich noch wie im Rausch, ich hatte endlich erreicht, was ich mir so lange vorgenommen hatte. Am dritten Tag war dieses Gefühl schon fast wieder verschwunden und nach einer Woche war alles dieselbe Routine wie zuvor. Ich möchte aber nicht, dass mein Leben zu leben eine reine Routine ist. Ich möchte mich verwirklichen und das Leben leben, das zu mir passt«, sagte ich.

»Dieses Gefühl hatte ich auch, als ich dich das erste Mal gesehen hatte«, sagte Tata. »Du hast nicht wirklich glücklich gewirkt. Deine Augen haben nicht gestrahlt.«

»Ich bin auch nicht glücklich«, sagte ich. »Das bin ich schon eine ganze Weile nicht mehr. Ich habe verlernt, was Glück für mich bedeutet. Ich habe mich so sehr auf eine Arbeit fixiert, deren Ausübung mich gar nicht glücklich macht. Ich bin der Norm gefolgt und habe mir eine Arbeit ausgesucht, die zwar viel Geld einbringt, mich aber nicht erfüllt.«

»Erinnerst du dich an die Säulen des Lebens?«, fragte mich Tata. »Ja«, antwortete ich. »Dein Leben besteht aktuell hauptsächlich aus einer Hauptsäule: Deiner Arbeit«, sagte Tata. »Es liegt aber vollkommen in deiner Hand, dieser einen Säule noch weitere stützende Säulen zur Seite zu stellen. Du kannst dich an jedem Tag neu erfinden. Ebenso kannst du natürlich auch diese Säule zum Einstürzen bringen, und durch eine neue Arbeitssäule ersetzen.«

»Was bedeutet das Einstürzen einer Säule?«, fragte ich. »Wenn dich dein Beruf nicht erfüllt, wird es vielleicht Zeit, dir einen anderen auszusuchen«, sagte Tata. »Ich kann doch nicht einfach meinen Job kündigen. Ich bin nun mal Manager, ich kann doch nicht einfach als etwas völlig anderes arbeiten«, brauste ich auf.

»Du definierst dich *heute* als Manager. Warst du schon immer Manager?«, wollte Tata wissen. »Natürlich nicht, ich habe studiert und habe mich dann zum Manager hochgearbeitet«, sagte ich, jetzt wieder etwas gefasster. »Und bist du der Ansicht, dass du dadurch keine Chance im Leben hast, noch einmal den Weg zu ändern und etwas anderes zu arbeiten?«, fragte mich Tata. »In meiner Welt arbeitet der Großteil der Menschen ihr ganzes Leben im selben Beruf. Sicher gibt es da ein paar Ausnahmen, aber in der Regel bleibt man bei dem Beruf, den man als junger Erwachsener einmal gewählt hat«, erzählte ich.

»Und bist du der Meinung, dass man als junger Erwachsener zwangsläufig die notwendigen Informationen besitzt, dass man sich zu 100% für den Beruf entscheidet, der einen das ganze Leben lang erfüllt?«, fragte Kiri. »Höchst unwahrscheinlich. Im Normalfall hat man ja noch nicht einmal einen einzigen Tag in diesem Beruf gearbeitet und beginnt dann in einer Branche und in einer Firma, die man nur vom Hörensagen oder bestenfalls von Freunden oder Bekannten kennt«, sagte ich.

»Und wäre es dann nicht völlig legitim, verschiedene Wege auszuprobieren?«, fragte Kiri. »Um damit für dich herauszufinden, ob die gewählte Arbeit tatsächlich dem entspricht, was du dir für dein Leben wünschst?« »Wenn du das so sagst, klingt das alles stimmig«, gab ich zu. »Warum machen das dann so wenige?« »Denkst du, der Großteil der Menschen ist wirklich glücklich mit dem Leben, das sie leben, oder der Arbeit, der sie nachgehen?«, fragte Kiri.

»Nein. Wenn ich morgens in der U-Bahn sitze und zur Arbeit fahre, sehe ich niemanden mit einem freundlichen Gesichtsausdruck. Die meisten machen lange Gesichter und sind wohl nur am Wochenende gut drauf, wenn sie nicht arbeiten müssen«, sagte ich. »Und möchtest du einer dieser Menschen sein?«, fragte mich Kiri. »Auf gar keinen Fall«, sagte ich und zückte mein Notizbuch und fing wieder an zu schreiben.

»*Ich bin schon selbst zu einem Notizenfreak geworden*«, dachte ich grinsend, wollte aber auf keinen Fall vergessen, was ich gerade gelernt hatte.

Als ich mit meinen Notizen fertig war, kam mir noch eine weitere Idee: »Du hast erwähnt, dass häufiger Menschen zu euch kommen«, sagte ich zu Tata. »Das stimmt«, antwortete er. »In welchem Alter kommen diese Menschen zu euch?«, fragte ich. »Das ist ganz unterschiedlich: Viele kommen in der Mitte ihres Lebens, wenn sie unsicher sind, ob sie den richtigen Weg für sich und ihr Leben eingeschlagen haben. Manche kommen erst im hohen Alter, wenn es fast schon zu spät ist, noch das Leben zu leben, das sie immer leben wollten. Aber eben auch nur fast zu spät. Die Chance, das Ruder noch herumzureißen, besteht immer. Und manche kommen bereits relativ am Anfang ihres Lebensweges«, erzählte Tata.

»Ich wäre auch schon lieber früher zu euch gekommen«, sagte ich etwas melancholisch. »Sich darüber zu ärgern, ergibt keinen Sinn. Das Universum entscheidet, wer wann den Weg auf unsere Insel findet. Freu dich, dass du den Weg zu uns gefunden hast. Nicht jedem ist das vergönnt. Das Wichtigste ist, dass du aus deinem Besuch bei uns lernst. Und dann setzt du das Gelernte in die Tat um. Jetzt liegt es an dir, dir das Leben zu erschaffen, das du immer leben wolltest.«

25

In der darauffolgenden Nacht verfolgte mich ein merkwürdiger Traum. Und als ich erwachte, hatte ich den Traum nicht wie gewöhnlich vergessen, sondern konnte mich immer noch an jedes kleinste Detail erinnern. Da ich lange geschlafen hatte, war ich allein in der Hütte. Die Sonne war bereits vor mehreren Stunden aufgegangen und ich fand einen Zettel für mich, auf dem stand: *»Guten Morgen Matt, wir wollten dich nicht wecken. Wir sind am Hügel der heißen Quellen und würden uns freuen, wenn du dich zu uns gesellen würdest, sobald du ausgeschlafen hast. Frühstück steht in der Küche.«* Das mit dem Frühstück ließ ich mir nicht zweimal sagen.

Nach dem Essen machte ich mich auf zum Hügel der heißen Quellen. Da Ninni und Lui mir eine Art Schatzkarte auf die Rückseite meiner Morgennotiz gemalt hatten, hatte ich keine Probleme, den Weg zu finden und ich genoss die Wanderung dorthin.

Das Wetter war einfach traumhaft. Die Sonne schien und keine einzige Wolke war am Himmel zu sehen. Die Vögel zwitscherten und ich sah zwei Tukane, die mit ihren prächtigen Gefiedern und langen Schnäbeln das Leben und Fliegen zelebrierten. Ich sah ihnen eine Weile zu, wie sie ihre Loopings schlugen und erfreute mich an ihrem Anblick. Nicht allzu lange später kam ich am Hügel an.

Ninni und Lui sahen mich als Erstes und kamen auf mich zugerannt. »Da bist du ja endlich, du Langschläfer«, rief mir Ninni entgegen. Wir lachten alle, denn er hatte recht. Der Stand der Sonne verriet uns, dass es mindestens schon elf Uhr war, erklärte mir Tata. Kiri war also schon seit sechs Stunden auf den Beinen und auch Tata war heute schon früh aufgestanden.

»Wie geht es dir heute?«, wollte Tata wissen. »Bis auf eine Sache geht es mir sehr gut«, sagte ich. »Die da wäre?«, fragte Tata nach. »Ich hatte einen Traum heute Nacht, bei dem ich mir nicht sicher bin, was er mir mitteilen möchte«, sagte ich. »Kiri ist eine hervorragende Traumdeuterin«, sagte Tata mit einem breiten Lächeln. »Wenn du deinen Traum mit uns teilen magst, kann sie dir möglicherweise weiterhelfen.«

Und ich begann zu erzählen: »Ich träumte, dass ich ein Ziel vor Augen hatte. Dieses Ziel sah ich klar und deutlich. Ich wollte mich gerade auf den Weg machen, als dichter Nebel aufzog. Ich hatte meine Schuhe bereits angezogen und trat vor die Haustür. Der Nebel warf mich völlig aus der Bahn. Ich war unsicher, ob ich mein Ziel jetzt überhaupt noch erreichen konnte. Dann ging ich wieder in meine Wohnung zurück und sagte zu mir: *»Ich warte einfach, bis der Nebel verflogen ist und dann gehe ich los«.* Am nächsten Tag war der Nebel immer noch da, ebenso am darauffolgenden Tag. Dann bin ich aufgewacht, mit einem äußerst unguten Gefühl. In meinem Traum bin ich niemals losgegangen, aus Angst davor, dass ich mich im Nebel verlaufen könnte.«

»Interessant«, sagte Kiri - mehr nicht.

»Ist das alles, was du dazu zu sagen hast? Ich hatte gehofft, dass du mir helfen kannst herauszufinden, worum es in meinem Traum geht«, sagte ich zu Kiri. »Was denkst du denn, was dir dieser Traum mitteilen möchte?«, fragte sie mich. »Ich weiß es nicht. Es kommt mir so vor, als stünde ich kurz davor, etwas sehr Wichtiges zu begreifen, aber mir fehlt noch der richtige Ansatzpunkt dazu«, antwortete ich.

»Lass uns einmal zusammen deinen Traum Schritt für Schritt analysieren«, sagte Kiri. »Wie hat dein Traum begonnen?« »Ich hatte ein klares Ziel vor Augen und ich wusste genau, wie ich dort hinkommen wollte. Also schlüpfte ich in meine Schuhe und machte mich auf zur Haustür«, sagte ich. »Was war dieses Ziel?«, fragte Kiri. »Das wurde in meinem Traum nicht verraten. Es war allerdings etwas, was mich in eine Hochstimmung versetzte. Ich war euphorisch und freute mich schon sehr darauf, mich auf den Weg zu diesem Ziel zu machen«, antwortete ich.

»Gut, sagen wir also, dass du auf dem Weg zu einem Ziel warst, das du unbedingt erreichen wolltest, und was dich aus deinem tiefsten Inneren heraus motiviert hat«, fasste Kiri zusammen. »So kann man das sagen«, antwortete ich. »Was geschah dann?«, wollte Kiri wissen. »Etwas sehr Merkwürdiges. Als ich zuvor aus dem Fenster gesehen hatte, war strahlender Sonnenschein. Als ich an der Haustür angekommen war und die Tür öffnete, war dort dichter Nebel zu sehen«, erzählte ich. »Was denkst du, wofür der Nebel steht?«, fragte mich Kiri. »Zuerst war ich voller Tatendrang und konnte es kaum erwarten loszugehen. Der Nebel erstickte meinen Tatendrang vollständig und ich hatte nicht genügend Kraft, in den Nebel hinauszugehen. Er hinderte mich daran, mein Ziel zu verfolgen. Ich hatte sogar Angst vor ihm«, sagte ich.

»Die Angst vor dem Scheitern«, murmelte Kiri vor sich hin. »Was denkst du, Matt, woran es bei den meisten Menschen hapert, wenn sie ihre Träume nie verwirklichen? Wenn ein Lebenstraum immer nur ein Traum bleibt und nicht zu einem erreichten Lebensziel wird?« »Sie probieren es nicht ausdauernd genug?«, fragte ich. »Viele kommen noch nicht einmal zu diesem Punkt. Der Hauptgrund, warum viele Menschen niemals damit beginnen, ihre Träume in die Tat umzusetzen, ist die Angst vor dem Scheitern. Sie haben Angst davor, etwas Neues zu beginnen. Auch wenn sie mit dem Leben, das sie gerade leben, nicht zufrieden sind, so wissen sie doch genau, wie dieses Leben ist und wie es sich anfühlt. Von dem Leben, das sie gerne leben würden, wissen sie nichts Konkretes. Sie haben es nie erlebt, und wissen deshalb auch nicht, wie sich dieses Leben anfühlen würde. Sie wissen nur, dass sie Mut brauchen, um einen ersten Schritt in den Nebel zu machen. Hinein ins Ungewisse, hin zur Veränderung. Diese Veränderung schreckt viele Menschen so sehr ab, dass sie nie auch nur den ersten Schritt wagen.«

»Was wäre passiert, wenn ich in meinem Traum losgelaufen wäre?«, fragte ich. »Was passiert im Nebel?«, fragte mich Kiri zurück. »Im Nebel sieht man nicht gut und man kann sich verlaufen«, antwortete ich. »Richtig, im dichten Nebel sieht man vielleicht nur ein paar Meter weit. Und ja, es besteht auch die Gefahr, dass man sich nicht orientieren kann und somit vom Weg abkommt. Trotzdem ist jeder Schritt in den Nebel, auch ein Schritt weiter in Richtung zu deinem Ziel. Wenn du dich nicht bewegst, kommst du deinem Ziel auch kein bisschen näher. Mit jedem Schritt, den du gehst, egal ob im Nebel, Regen, Schnee oder Sonnenschein, kommst du deinem Ziel näher«, sagte Kiri.

»Was aber, wenn ich mich so sehr verirre, dass ich wieder an meinem Ausgangspunkt herauskomme?«, wollte ich wissen. »Dann, mein lieber Matt, gehst du eben erneut los. Aber da du schon einmal den Mut zum Losgehen gefasst hattest, wird dir das auch noch ein zweites oder drittes Mal gelingen«, sagte Kiri.

»Steht der Nebel noch für etwas anderes?«, fragte ich Kiri. »Nebel ist der Gegensatz von Klarheit. Die Sicht ist beschränkt und was sonst klar ersichtlich ist, bleibt so im Verborgenen. Der Nebel könnte somit auch für den Blick in die Zukunft stehen. Niemand weiß, was die Zukunft bringen wird. Niemand weiß auch nur, was der nächste Tag bringen wird. Und trotzdem müssen wir mutig im Leben voranschreiten, um den nächsten Tag für uns zu erobern. Stell dir einmal vor, wie es wäre, wenn du exakt wissen würdest, was wann in deiner Zukunft passieren würde. Du würdest wissen, wann du wen heiraten würdest, du würdest wissen, wann eure Kinder geboren werden würden. Du würdest wissen, zu welcher Schule sie gehen würden, mit wem sie befreundet sein würden und auch welchen Beruf sie erlernen würden. Wie wäre so ein Leben für dich?«, fragte Kiri.

»Ich wäre vor Überraschungen geschützt. Die Spannung wäre somit aber völlig aus meinem Leben verschwunden. Von daher würde ich annehmen, dass mein Leben somit ziemlich langweilig wäre«, antwortete ich. »Richtig. Dein Leben wäre ein Film, der in deinem Beisein abgespielt werden würde. Das Drehbuch ist fertig geschrieben und es besteht nicht der Hauch einer Chance, dass dein Leben vom Drehbuch abweichen kann. Du hättest keine Chance, auf dein Leben einzuwirken, da alles bereits festgelegt wäre. Das wäre der Inbegriff der Langeweile und Machtlosigkeit. Überraschungen und das Ungewisse sind das Salz in der Suppe unseres Lebens. Diese Dinge machen unser Leben erst spannend und lebenswert«, sagte Kiri.

Ninni hatte gerade einen Stock in der Hand und schrieb etwas in den Sand. Ich ging näher ran, um zu sehen, was er da schrieb. NEBEL stand da. Ninni machte einen senkrechten Strich dahinter und schrieb dann weiter, diesmal waren seine Buchstaben spiegelverkehrt. Er fing an mit einem L, dann folgte ein E, dann ein B, dann wieder ein E. Zum Schluss folgte wieder ein N.

LEBEN stand jetzt dort als zweites Wort. Und langsam fing es mir an zu dämmern. Die beiden Wörter, die Ninni hier in den Sand geschrieben hatte, bestanden nicht nur aus exakt denselben Buchstaben, sie ergaben auch rückwärts gelesen das jeweils andere: Nebel rückwärts gelesen ergab Leben, Leben rückwärts gelesen ergab Nebel. *»Nennt man das in diesem Fall nun Palindrom oder Anagramm?«*, fragte ich mich kurz.

»Egal«, dachte ich für mich, zückte mein Notizbuch und fing an zu schreiben.

26

Da ich für heute genug von Träumen und ihren Deutungen gelernt hatte, gesellte ich mich zu meinen Gastgebern in die heißen Quellen. Die Wärme war einfach traumhaft und ich konnte mich herrlich entspannen. Mein gesamter Körper genoss das heiße Wasser und ich ließ mich einfach treiben.

»Ihr versteht es wirklich, euch zu entspannen«, sagte ich. »Wer hart arbeitet, muss sich auch erholen«, sagte Tata. »Wie sorgst du für das richtige Gleichgewicht aus Anspannung und Entspannung in deinem Leben?« »Um ehrlich zu sein, bin ich darin nicht wirklich gut. Ich verbringe viel Zeit auf Arbeit und kümmer mich nur selten um entspannenden Ausgleich«, antwortete ich.

»Wie fühlst du dich dabei?«, wollte Tata wissen. »Ehrlich gesagt habe ich darüber noch nie nachgedacht. Für mich ist es ganz normal, dass das Leben dem Motto »Schneller, höher, weiter« folgt. Zeit für Entspannung bleibt da kaum«, sagte ich. »Denkst du nicht, dass du erfüllter Leben würdest, wenn du ausgeruhter, entspannter und glücklicher wärst?«, fragte Tata.

»Definitiv. Nur bin ich nun einmal so innerhalb meiner langen Arbeitszeiten gefangen, dass ich nicht weiß, wie ich diesem Teufelskreis entrinnen sollte«, antwortete ich. »Es gibt bei uns eine Geschichte dazu, willst du sie hören?«, fragte Tata. »Immer«, antwortete ich.

Und Tata erzählte mir *die Geschichte der herunterbrennenden Kerze*:

Es waren einmal zwei Brüder, die beide denselben Beruf erwählt hatten: Sie waren beide Schreiber am Hof des Königs. Und die Schreiber am Hof des Königs mussten allesamt nachts arbeiten. Denn am Abend ließ der König Aufträge für Abschriften zurechtlegen und am nächsten Morgen um neun erwartete er die fertiggestellten Abschriften.

Der erste Bruder schrieb regelmäßig die ganze Nacht lang. Zum Beginn seiner Arbeitsnacht mit großem Eifer, bis er nach etlichen Stunden nur noch wenige Seiten pro Stunde schaffte. Um genügend Licht zu haben, entzündete er am Abend seine große Kerze und am Morgen, sobald genügend Sonnenlicht vorhanden war, löschte er sie wieder. Diese Kerze brannte kontinuierlich herunter und wurde Nacht für Nacht ein Stückchen kleiner.

Der zweite Bruder fing auch mit großem Eifer jeden Abend an zu schreiben. Er entzündete dafür seine große Kerze und schrieb die ersten vier Stunden des Abends. Sobald er merkte, dass er merklich langsamer wurde, löschte er seine Kerze und schlief für ein paar Stunden. Mit den ersten Sonnenstrahlen stand er wieder auf und stellte seine Arbeit für den König fristgerecht fertig. Seine Kerze wurde jede Nacht zwar auch ein bisschen kleiner, aber sie brannte deutlich langsamer herunter als die Kerze seines Bruders.

Der erste der Brüder starb im mittleren Alter, gerade zu der Zeit, als seine Kerze vollständig heruntergebrannt war. Die Kerze des zweiten Bruders war zu diesem Zeitpunkt noch zu einem Drittel vorhanden und er lebte noch viele Jahre und schrieb weiterhin Nacht für Nacht Briefe für den König - bis auch seine Kerze eines Tages erlosch.

»Was denkst du, was uns diese Geschichte lehren möchte?«, fragte mich Tata. »Wir sollten froh sein, dass es heutzutage elektrisches Licht gibt?«, witzelte ich. »Rate noch einmal«, sagte Tata. »Wir sollen auf unsere Kerze des Lebens achten, damit sie nicht zu schnell herunterbrennt?«, fragte ich diesmal ernsthaft.

»Richtig. Wer sein Leben lang immer nur unter Volllast fährt, kommt nicht früher ans Ziel, sondern früher ans Ende seines Lebens«, sagte Tata. »Man kann nicht immer nur Leistung bringen. Genauso wichtig ist es, auch einmal den Gang herauszunehmen und abzuschalten. Durch diese Abwechslung aus Anspannung und

Entspannung können wir dem Leben noch mehr schöne Momente abgewinnen. Zeiten der Regeneration und Reflektion müssen sich mit arbeitsintensiven Zeiten abwechseln. Wie Ebbe und Flut.«

Ich zückte mein Notizbuch und fing an zu schreiben.

27

Am nächsten Morgen brannte ich förmlich darauf, Kiri von meinem erneuten Traum zu erzählen. Denn diese Nacht hatte sich in meinem Traum tatsächlich etwas Entscheidendes verändert.

Als wir zusammen beim Frühstück saßen, begann ich zu erzählen: »Ich hatte heute Nacht wieder denselben Traum - zumindest am Anfang. Ich war in meiner Wohnung und hatte mein Ziel glasklar vor Augen. Wieder war ich euphorisch und wollte mich mit einem Hochgefühl auf den Weg machen. Wieder zog ich meine Schuhe an und machte mich auf den Weg zur Haustür. Als ich die Tür öffnete, war wieder dichter Nebel vor meiner Tür. Wieder packte mich die Angst. Die Angst vor dem Ungewissen.

Aber diesmal wusste ich es besser, ich war vorbereitet. Als ich mich an deine Worte erinnerte, dass ich nur Mut brauche, um den ersten Schritt zu machen, wagte ich den ersten Schritt. Ich stand im Nebel - und nichts geschah. Der Nebel war nicht gefährlich, und er war auch nicht so dicht, wie ich vermutet hätte. Ich konnte locker vier Meter weit sehen und konnte mich trotz des nebligen Dunstes gut orientieren. So ging ich ein gutes

Stück meines Weges, bis ich zu einem Hügel kam. Der Hügel war nicht besonders hoch, aber bereits diese kleine Anhöhe reichte aus, um einen Platz zu haben, an dem bereits kein Nebel mehr war. Ich stand am Gipfel des Hügels und hatte wieder einen glasklaren Blick auf meinen Weg und mein Ziel. Von dort sah ich auch, dass mich mein Weg durch ein Tal führte, in dem der Nebel noch viel dichter stand als vor meiner Haustür. Ich konnte aber auch erkennen, dass nach diesem nebligen Tal wieder ein Stück ohne Nebel kam. Und so ging ich weiter und weiter, immer in Richtung meines Ziels. Das war ein wirklich erhabenes Gefühl.« So beendete ich die Erzählung über meinen Traum.

»Sehr gut gemacht«, lobte mich Kiri. »Du hast deine Angst überwunden und hast dich auf den Weg gemacht. Auf jedem Weg gibt es einfache Passagen, an denen der Weg klar ersichtlich und unbeschwerlich ist. Dann kommen auch wieder harte Zeiten, in denen man vor lauter Nebel kaum sieht, wo man hingeht.« »Es war einfach ein tolles Gefühl«, sagte ich. »Und jetzt mal dir aus, wie das Gefühl erst sein wird, wenn es sich dabei nicht nur um einen Traum handelt, sondern du deine Ziele im echten Leben verfolgst«, sagte Kiri mit einem breiten Grinsen im Gesicht.

Ich zückte mein Notizbuch und fing an zu schreiben.

28

Am heutigen Nachmittag kümmerten wir uns um Tatas Fischerausrüstung. Tata nahm seine Ausrüstung und deren Pflege sehr wichtig. »Mit einer stumpfen Axt fällst du keinen Baum«, pflegte Tata zu sagen. Also machten wir uns daran, Löcher in seinen Netzen zu flicken. *»Eine hervorragende Tätigkeit, um nebenbei noch ein paar Fragen loszuwerden«*, dachte ich für mich und legte los.

»Weißt du, was mich an meinem Traum noch verwirrt?«, fragte ich Tata. »Nein«, antwortete Tata. »Was denn?« »Ich weiß einfach nicht, was dieses Ziel war, auf das ich mich im Traum so gefreut hatte. Es muss etwas Besonderes gewesen sein, denn immer wenn ich an dieses Ziel gedacht habe, schlich sich ein Lächeln in mein Gesicht und ich fühlte mich großartig. Es will mir aber einfach nicht mehr einfallen, worum es sich dabei gehandelt hat«, sagte ich.

»Erinnerst du dich an unser Gespräch über die Säulen des Lebens?«, fragte mich Tata. »Natürlich«, antwortete ich. »Vielleicht musst du gar nicht dieses eine große Ziel finden, sondern du startest erst einmal mit ein paar kleinen Zielen«, sagte Tata. »Und womit genau soll ich denn starten?«, fragte ich zurück. »Was bereitet dir denn Freude im Leben?«, fragte mich Tata. »Ehrlich gesagt habe ich das vergessen. Ich habe mich so sehr auf meine Arbeit fixiert, da ich immer geglaubt habe, dass sie das Wichtigste in meinem Leben ist«, sagte ich. »Arbeiten und produktiv sein ist für die Meisten ein wichtiger Teil ihres Lebens. Trotzdem muss man dabei erst für sich herausfinden, ob man die richtige Arbeit bereits gefunden hat«, sagte Tata. »Aber noch einmal zurück zu meiner Frage, was dir Spaß bereitet: Du hast also nicht die leiseste Ahnung, was das sein könnte und wie du es herausfinden könntest?«

»Wie gesagt, ich habe es verlernt«, antwortete ich kleinlaut. »Mir scheint, wir brauchen zwei unschlagbare Experten zum Thema Spaß«, sagte Tata. »Ich bin gleich zurück.« Tata ging zur Hütte und kam eine Minute später mit Ninni und Lui auf seinem Rücken wieder herausgeritten. »Ninni, Matt hat mir gerade erzählt, dass er verlernt hat, was ihm Spaß macht. Kannst du ihm dabei helfen und ihm erklären, wie du herausfindest, was dir Spaß macht?«, fragte Tata. »Natürlich«, sagte Ninni. »Wenn ich etwas Interessantes sehe, was die älteren Kinder machen, probiere ich es auch aus. Indem ich es probiere, merke ich sofort, ob es mir gefällt oder nicht. Klettern gefällt mir sehr gut, während ich weniger gerne in einem Boot auf dem Meer fahre.« »Und wie machst du das, Lui?«, fragte Tata seinen Zweitgeborenen. »Dasselbe wie Ninni machen«, antwortete Lui strahlend.

»Ihr meint, so einfach ist das? Ich soll mir einfach von anderen abschauen, was sie gerne machen und es für mich ausprobieren?«, fragte ich. »Exakt, so ist es«, sagte Tata. »Kennst du *die Geschichte vom zahmen Löwen*?«

»Nein«, sagte ich. Und Tata begann zu erzählen:

Es gab einmal einen Löwen, der lebte allein, ganz ohne Rudel. Er ist alleine aufgewachsen, fernab von anderen Löwen. Dieser Löwe wusste nicht, dass er ein Raubtier war. Er wusste nicht, dass er Gazellen jagen und reißen konnte. Niemand hat es ihm gesagt und er konnte es sich auch bei keinem anderen Löwen abschauen. Deswegen ernährte er sich so, wie es die Tiere

taten, die er sah. Er sah Elefanten, Nashörner und Wasserbüf-
fel. Und alle fraßen sie: Gras. Deswegen fraß der Löwe auch
Gras.

Eines Tages aber kam ein Löwenrudel in seine Savanne.
Der Löwe war ganz aufgeregt, da er endlich Artgenossen ken-
nenlernen konnte. Als er aber sah, wie sich seine Artgenossen
ernährten, löste sich sein gedanklicher Nebel in Luft auf. Mit
einem Mal spürte er, dass er ein Löwe war, und dass es in sei-
ner Natur lag, Fleisch zu essen. Er benötigte nicht einmal ei-
nen Tag, bis er genauso gut in der Jagd war, wie das Löwen-
rudel. Er hatte es in seinen Genen. Sein Raubtierinstinkt war
immer da, er war nur nie erwacht.

»Und du willst mir damit sagen, dass ich auch ein Löwe
bin, dessen Instinkt nur noch nicht geweckt wurde?«,
fragte ich. »Nun, du musst nicht zwangsläufig Gazellen
jagen«, witzelte Tata. »Aber ich bin sicher, dass du sehr
schnell herausfinden wirst, was dir Spaß macht und was
in deiner Natur liegt, sobald du es nur ausprobierst.«

Ich nahm mein Notizbuch zur Hand und fing an zu
schreiben.

29

Ich schlief unruhig heute Nacht. Mein Gehirn hatte viel
zu verarbeiten, seit ich auf dieser Insel gestrandet war.
In meinem heutigen Traum drehte sich alles um die eine
große, allumfassende Frage: *Wozu bin ich auf dieser Welt?*

Ich wachte morgens auf und die Frage war immer
noch in meinem Kopf: *Wozu bin ich auf dieser Welt?* Wenn

mir meine Gastgeber schon so gut mit all meinen anderen Fragen weiterhelfen konnten, konnten sie mich vielleicht auch hier auf die richtige Fährte führen. Deshalb beschloss ich sie gleich bei der nächsten Gelegenheit danach zu fragen.

Da ich heute bereits früh aufgewacht war, schliefen Tata und die beiden Jungs noch. Nur Kiris Bett war bereits leer und ich war mir sicher, dass sie wieder bei ihrer 4,17 war, der Stunde am Tag, die sie ganz für sich reserviert hatte. Ich zog mich an und machte mich auf den Weg nach draußen. Es war noch vor Sonnenaufgang und die Insel lag in fast vollkommener Stille. Selbst die Vögel schliefen noch und nur vereinzelt nahm ich das Zirpen einer Grille wahr. Als ich mich auf den Weg zum Strand machte, kam mir Kiri entgegen. Sie war in ein Handtuch gewickelt und sah erschöpft, aber glücklich aus.

»Warst du schon schwimmen?«, fragte ich sie. »Ja. Ich liebe es, schon morgens im Meer zu sein. Die ganze Insel schläft noch und ich genieße das Gefühl, ganz für mich zu sein«, sagte Kiri. »Du bist auch früh wach heute.« »Ich konnte nicht mehr schlafen«, antwortete ich. »Ich hatte einen Traum und in meinem Traum hat mich die ganze Zeit diese eine Frage beschäftigt: *Wozu bin ich auf dieser Welt?* Normalerweise kann ich mich an meine meisten Träume nicht erinnern, diese Frage ist mir aber glasklar in Erinnerung geblieben. Kannst du mir damit weiterhelfen?« »Den Sinn der eigenen Existenz kann nur jeder Mensch für sich selbst herausfinden. Nur du selbst kannst wissen, was sich für dich richtig und was sich für dich falsch anfühlt«, sagte Kiri.

»Aber hast du nicht einen ersten Schritt für mich, wo ich mit meiner Suche beginnen kann?«, fragte ich sie. Kiri lächelte: »Du bist wirklich gut darin geworden, die richtigen Fragen zu stellen. Der erste notwendige Schritt, um deine eigene Bestimmung herauszufinden, ist mit dir ins Reine zu kommen. Du musst dich selbst mögen. Du brauchst dich nicht für perfekt halten, da es immer etwas gibt, was man an sich nicht so sehr mag und wo man sich verbessern möchte. Aber du musst, wenn du an dich selbst denkst, mit dir im Großen und Ganzen zufrieden sein.«

»Dazu fehlt mir noch ein gutes Stück. Ich bin zwar in manchen Belangen ganz zufrieden mit mir, aber bei weitem nicht mit dem Großteil«, sagte ich. »Du musst nicht alle Nuancen an dir mögen, um dich auf die Reise zu dir selbst begeben zu können«, sagte Kiri. »Die Liebe zu anderen beginnt mit der Liebe und der Akzeptanz von dir selbst. Das bedeutet nicht, dass du nicht Tag für Tag ein noch besserer Mensch werden kannst und sollst.«

»Ok, ich versuche also mit mir ins Reine zu kommen und was kommt danach?«, fragte ich. »Wenn du dich selbst akzeptierst, bist du bereit dich mit der Frage zu beschäftigen, was deine Ziele im Leben sind. Wofür bist du auf der Welt? Wofür brennst du? Wofür möchtest du von anderen Menschen in Erinnerung behalten werden?«, fragte mich Kiri.

»Und nähmen wir einmal an, ich könnte diese Fragen für mich beantworten, was käme dann?«, wollte ich wissen. »Sobald du einmal für dich klar festgelegt hast, welcher Mensch du sein möchtest, fängst du automatisch auch an, dich so zu verhalten«, antwortete Kiri. »All das, was nicht zu dem Bild dieses Menschens passt, wird sich für dich falsch anfühlen, wenn du es tust. Nehmen wir an, du siehst dich als Sportler. Wenn du aber deine Zeit nach einem Arbeitstag lieber in der Hängematte, als beim Sport verbringst, passt das nicht zu dem Bild, das du dir von dir selbst gemacht hast. Du verhältst dich also nicht authentisch. Im Gegensatz dazu strahlst du Echtheit und Authentizität aus, wenn du dich exakt so verhältst, wie du dich definierst.«

»Und nähmen wir einmal an, ich würde mich so verhalten, wie der Mensch, der ich immer sein wollte, ist meine Reise zu mir selbst dann damit abgeschlossen?«, fragte ich. »Du erlangst damit dein inneres Gleichgewicht. Du bist mit dir selbst im Reinen und du erkennst das Gute im Leben. Du lässt dich nicht mehr so leicht aus deiner inneren Ruhe bringen und bist dadurch wie ein Fels in der Brandung. Deine Reise wird allerdings nie final abgeschlossen sein. Du hast damit aber alles an notwendiger Ausrüstung parat, die du auf deinem weiteren Weg benötigen wirst.

Tatas und meine Reise waren damit übrigens auch nicht abgeschlossen. Auch wenn wir hier das Leben leben, das wir immer leben wollten«, sagte Kiri. »Wohin ging denn eure Reise weiter?«, wollte ich gespannt wissen. »Eine unserer Bestimmungen ist es, anderen Menschen zu helfen und sie auf ihrem Weg weiterzubringen«, antwortete sie.

»Wem wollt ihr denn auf dieser abgeschiedenen Insel etwas beibringen?«, fragte ich. Kiri zog eine Augenbraue hoch und betrachtete mich mit einem verschmitzten Lächeln. »Oh, ich verstehe: Mir«, sagte ich etwas peinlich berührt.

»Exakt. Ich könnte mir auch vorstellen, dass du ein sehr guter Lehrer wärst«, sagte Kiri. »Ich jemandem etwas beibringen? Wer bin ich denn schon, um jemandem etwas zu lehren?«, wollte ich wissen. »Wer bist du, es nicht zu tun?«, fragte Kiri. »Jeder Mensch hat etwas, was er besonders gut kann und was er anderen beibringen kann. Genauso wie jeder Mensch auch zu jeder Zeit etwas von anderen lernen kann. Wir haben das Gefühl, dass das in deiner Welt leider in Vergessenheit geraten ist. Jeder rennt seinen Zielen alleine hinterher. Manche haben sogar Angst, ihr Wissen weiterzugeben. Da sie befürchten, dass sie diejenigen, die sie lehren mit diesem Wissen überholen könnten. Dabei lernt jeder Lehrer auch von seinem Schüler und wächst somit mit jeder Erkenntnis, die er weitergibt, auch selbst ein Stückchen weiter.«

»So habe ich das noch nie betrachtet«, antwortete ich. »Tata hat auch ein paar sehr gute Ideen zu diesem Thema, frag ihn doch später einmal danach. Ich geh mich jetzt umziehen und mache Frühstück für die Bande«, sagte Kiri und machte sich auf den Weg zur Hütte.

Ich hingegen zückte mein Notizbuch, setzte mich in den Sand und fing an zu schreiben.

30

Nach meinem Gespräch mit Kiri war ich sehr auf Tatas Sichtweise gespannt. Nach einem herrlichen Frühstück unter Palmen begleitete ich Tata und seine beiden Jungs zum Strand. Ninni und Lui sprangen wie Delfine im Wasser umher und wir beobachteten die beiden und ließen unsere Beine von den Wellen umspülen. Das Leben konnte so schön sein, wenn man nur wusste, wie man es angehen muss - und das wussten meine Freunde von der Insel definitiv.

»Ich habe heute früh ein interessantes Gespräch mit deiner Frau geführt zum Thema Bestimmungen«, fing ich an. »Sie hat mir den Tipp gegeben, auch mit dir darüber zu reden. Meine Fragen sind ganz einfach: Wie finde ich meine Bestimmung? Wie kann ich herausfinden, wozu ich auf dieser Welt bin?«

»Bei uns im Stamm gibt es dazu eine eigene Sichtweise, magst du sie hören?«, fragte mich Tata. »Da bin ich aber gespannt«, antwortete ich. »In unserem Stamm ist man der Ansicht, dass dieses Leben nur ein Teil unserer Reise ist. Wir haben unsere Reise bereits vor diesem Leben begonnen und sie wird auch nach diesem Leben weitergehen. Da unsere Reise bereits vor diesem Leben begonnen hat, gab es also auch schon eine Zeit vor diesem Leben. In dieser Zeit hat sich jeder Mensch eigene Ziele und Herausforderungen ausgesucht, die er in seinem Leben meistern möchte. Wenn du magst, kannst du sie deine Bestimmung nennen. Oder deine Bestimmungen, denn es handelt sich fast immer nicht nur um ein einziges Ziel, da das Leben viel zu facettenreich ist. Wir haben uns also bereits vor unserem Leben ausgesucht, was wir in diesem Leben erreichen möchten.«

»Aber wenn ich mir meine Ziele bereits vor diesem Leben ausgesucht habe, warum kann ich mich dann nicht daran erinnern?«, fragte ich. »Das ist der interessante Teil der Geschichte. Mit unserer Geburt haben wir vergessen, welche Ziele oder Bestimmungen wir uns ausgesucht haben. Genauso wenig, wie man sich an den Teil seiner Reise vor diesem Leben erinnern kann, kann man sich auch nicht daran erinnern, was man sich für Ziele und Herausforderungen ausgesucht hat.«

»Und wie kommt man dann auf seine Bestimmungen, wenn man sich nicht mehr erinnern kann?«, wollte ich wissen. »Erinnerst du dich an *die Geschichte von dem Löwen, der nicht wusste, dass er ein Raubtier war*?«, fragte mich Tata.

»Natürlich. Du willst also darauf hinaus, dass der Instinkt immer noch in mir schlummert und ich ihn nur wecken muss?«, fragte ich. »Genau. Wenn du exakt das tust, was für dich eine deiner Bestimmungen ist, merkst du es. Du merkst, dass es sich richtig anfühlt. Du bist voller Energie und strahlst förmlich aus dir selbst heraus. Das ist eine der Tätigkeiten, bei der dich jemand daran erinnern muss, dass du etwas essen musst. Du kannst dich so sehr in diese Tätigkeit vertiefen, dass du nicht mitbekommst, dass du eine Mahlzeit verpasst hast. Einer unserer Besucher hat das mit dem Wort *Flow* umschrieben, mir gefällt dieses Wort dafür.«

»Und wenn ich nun eine meiner Bestimmungen gefunden habe, merke ich das auch daran, dass mir alles leicht von der Hand geht und wie von selbst läuft?«, wollte ich wissen. »In der Zeit vor diesem Leben haben wir uns *Herausforderungen* ausgesucht. Wir haben uns überlegt, was wir gerne lernen würden, um zu dem Menschen zu werden, der wir gerne sein wollen. Wir haben uns Ziele überlegt, an denen wir wachsen können, die uns reifen lassen. Von daher: Nein, es wird nicht zwangsläufig leicht. In unserem Stamm spricht man dabei gerne von den drei Hügeln der Herausforderung. Magst du die Geschichte dazu hören?«

»Ich bin ganz Ohr«, sagte ich.

Und Tata erzählte mir *die Geschichte der drei Hügel der Herausforderung*:

Wenn man etwas Neues lernen oder sein möchte, gibt es auf dem Weg bis zu diesem Ziel drei Hügel. Manchmal ist der erste Hügel ganz flach und dir fällt der erste Teil des Lernens sehr leicht. Dadurch bist du motiviert weiterzumachen und nimmst direkt den zweiten Hügel in Angriff. Der kann steiler sein und viele verzagen und sagen »Ich schaff das einfach nicht« oder »Ich bin nicht gut genug«. Dabei müssten sie einfach nur länger durchhalten und ihr Bestes geben. Für die, die tatsächlich dranbleiben, ist eines Tages auch der zweite Hügel bezwungen.

Der dritte Hügel ist sehr unterschiedlich. Manchmal ganz flach, manchmal ein schier unbezwingbar steiler Berg. Aber auch dieser Berg kann Schritt für Schritt erklommen werden. Jede noch so lange Reise beginnt mit einem ersten Schritt.

Wenn du die drei Hügel bezwungen hast, hast du diese Fähig-
keit oder dieses Ziel gemeistert.

»Interessant. Und was ist, wenn bereits der erste Hügel ein steiler Berg ist?«, wollte ich wissen. »Wenn bereits der erste Hügel schier unbezwingbar erscheint, geben viele bereits beim Anblick des Berges auf. Wir müssen aber immer daran denken, dass wir an den Zielen, die unbezwingbar scheinen, am meisten wachsen können. Bei großen Herausforderungen ist das Lernpotenzial am größten. Und manchmal werden wir dadurch belohnt, dass die darauffolgenden Hügel nichts sind im Vergleich zu dem ersten Anstieg. Nicht, weil sie nicht existieren würden, sondern weil wir bereits beim ersten, sehr steilen Berg so viel gelernt haben und gewachsen sind. Wenn man allerdings vor seinem ersten Hügel aufgibt, besteht später die Gefahr, dass man eines Tages auf sein Leben zurückblickt, und seine selbst gesteckten Ziele nicht erreicht hat. Wenn das passiert, hat man das Gefühl, dass das eigene Leben kein Erfolg war. Man hat das Gefühl, versagt zu haben, denn man hat nicht die Bestimmungen gemeistert, die man sich vorgenommen hatte. Es gibt nichts Tragischeres, als das eigene Leben als nicht vollständig gelebt zu betrachten.«

»Wie kann ich verhindern, dass ich mein Leben eines Tages als Versagen betrachte?«, wollte ich wissen. »Ganz einfach: Finde deine Bestimmungen und lebe dein Leben danach«, sagte Tata. »Das klingt so einfach, aber trotzdem so unerreichbar: Wie kann ich denn meine Bestimmungen herausfinden? Wo soll ich meine Suche beginnen?«, fragte ich. »Es gibt zwei unterschiedliche Herangehensweisen. Die erste basiert auf der Idee, dass du dich frei machst von all den Zwängen, die du dir heute in deinem Leben aufgebürdet hast. Nehmen wir an, das Leben wäre ein Spiel. Und egal, welche Fähigkeiten du benötigen würdest, um das zu tun, was dich glücklich macht, du hättest sie bereits. Was würdest du dann mit deiner Zeit tun? Wenn du dich nicht darum kümmern müsstest, dass du von dem Geld, das du verdienst, leben kannst, was würdest du dann in deinem Leben machen? Was würdest du mit deiner Lebenszeit machen, damit du am Ende deines Lebens das Gefühl hast, dein Leben erfolgreich gelebt zu haben?«

»Ok, ich wähle mir jetzt mal ein beliebiges Beispiel aus: Ich würde gerne lernen ein Flugzeug zu fliegen«, sagte ich. »Ein kleines Sportflugzeug für eine Person. Der Traum dahinter ist, dass ich dabei so frei sein kann, wie nur die Vögel es sind. Der Traum vom Fliegen ist seit jeher ein Traum der Menschheit. Was mache ich als Nächstes?« »Sobald du dir ein Ziel gesetzt hast, geht es daran, einen Weg für die Umsetzung zu finden«, sagte Tata. »Gibt es Menschen, die genau das bereits machen, was für dich eine deiner Bestimmungen ist?« »Ja, Hobbypiloten machen das. Es gibt da auch einen Sportflugplatz ganz in meiner Nähe«, sagte ich. »Sehr gut. Und wie könntest du nun davon profitieren und das Fliegen erlernen?«, fragte Tata. »Es gibt dort auch eine Flugschule, die anbietet einen Flugschein zu machen«, sagte ich. »Sehr gut, dann geh einfach dorthin und frage, wie du dein Ziel erreichen kannst«, sagte Tata. »Das geht übrigens ganz genauso, wenn es keine Schule für das Ziel gibt, das du dir ausgesucht hast. Such dir jemanden, der dein Ziel bereits erreicht hat und frage ihn, wie er es geschafft hat. Im besten Fall wird er dein Mentor und bringt es dir bei.«

»Und im nicht besten Fall?«, fragte ich spitzfindig. »Es gibt in der Tat auch Menschen, die nichts weitergeben und niemanden unterrichten wollen. Sie haben nie das wunderbare Gefühl kennengelernt, das dich durchströmt, wenn du einem anderen Menschen etwas beibringst und ihm dadurch auf seinem Weg weiterhilfst. Im allerschlechtesten Fall gerätst du an so einen Menschen und musst dich weiter auf die Suche nach jemandem begeben, der es dir beibringen möchte - du hast also nichts verloren dabei.«

»Verstehe. Du hast allerdings vorhin etwas von zwei Herangehensweisen erzählt, was ist die zweite?«, wollte ich wissen. »Die zweite Herangehensweise startet exakt von der anderen Seite: Was macht dich heute in deinem Leben unglücklich? Was würdest du dir heute in deinem Leben nicht mehr aussuchen, wenn du frei wählen könntest? Viele Menschen vergessen, dass sie jeden Tag diese freie Wahl haben. Ihre Vergangenheit bestimmt nicht ihre Gegenwart und auch nicht ihre Zukunft, sondern sie wählen sie jeden Tag aufs Neue selbst.« »Du meinst, ich kann mich jeden Tag neu entscheiden, welches Leben ich leben möchte? Aber ich habe doch meinen Beruf, mein Apartment und mein Leben in Miami. Da bin ich doch gebunden und kann mich nicht frei entscheiden«, sagte ich mit einem Anflug von Bestürzung. *»Tata konnte manchmal unglaublich naiv sein...«*

»Wer hat sich denn ausgesucht in Miami zu leben und zu arbeiten?«, wollte Tata wissen. »Ich. Ich hatte damals vor, jeden Tag ans Meer zu gehen und einfach nur glücklich zu sein«, antwortete ich. »Und das bist du heute nicht?«, bohrte Tata weiter. »Von meinen damaligen Plänen ist nicht viel übriggeblieben, nachdem ich 60 bis 70 Stunden pro Woche arbeite«, gab ich kleinlaut zu. »Du hast also herausgefunden, was du nicht mehr in deinem Leben möchtest, das ist gut«, sagte Tata. »Du hast einen Weg ausprobiert und für dich festgestellt, dass es nicht der richtige für dich ist. Vor dir liegen aber noch unzählige alternative Wege. Nun liegt es an dir, entsprechend zu handeln.«

»Ich weiß ehrlich gesagt nicht, ob ich bereit dazu bin. Was, wenn ich mich nicht traue, etwas zu ändern?«, wollte ich wissen. »Dir ist also bewusst, dass dein aktueller Weg in einer Sackgasse endet und du so niemals die Zufriedenheit in deinem Leben erlangen wirst, die du dir wünscht. Wenn du nun diesem Weg weiter folgst, entscheidest du dich bewusst fürs Unglücklichsein. Dir wurden die Augen geöffnet, du fühlst dich aber nicht bereit zum Sehen. Möglicherweise fehlt dir noch ein Schubs in die richtige Richtung. Stell dir Folgendes vor: Dein Leben wäre morgen zu Ende. Und du hast die Möglichkeit, dein Leben Revue passieren zu lassen. Hättest du das Leben gelebt, von dem du immer geträumt hast?«

»In meiner Kindheit und Jugend: Ja. Auch meine Studienzeit habe ich sehr genossen. Im Arbeitsleben habe ich dann allerdings eine falsche Abzweigung genommen und den Kurs leider nie korrigiert«, sagte ich. »Und jetzt mach dir Folgendes klar: Es gibt kein versprochenes *Später* im Leben, auf das viele Menschen ihre Ziele und Träume vertagen. Niemand weiß, wie viel Zeit ihm oder ihr im Leben bleibt. Nutze deine Zeit damit ganz bewusst für deine Bestimmungen, um zu jedem Zeitpunkt sagen zu können: *Ich lebe das Leben, das ich mir erträumt habe. Ich setze meine Ziele in die Tat um und bin so für mich erfolgreich und glücklich. Ich bin mir bewusst, dass mein Leben eines Tages enden wird und bis dahin lebe ich das Leben, das ich mir aussuche.*«

»Wie haben Kiri und du eure Bestimmungen unter einen Hut gebracht? Kinder habt ihr ja auch noch«, sagte ich. »Unsere Kinder sind ein Teil unserer Bestimmungen, und zwar ein sehr großer und sehr schöner. Trotz alledem aber nur ein Teil des Ganzen. Sowohl meine Frau als auch ich existieren immer noch als eigene Personen. Indem wir für uns unsere Bestimmungen herausgefunden haben, sind wir zu glücklicheren Menschen geworden. Durch die 4,17-Regel nehmen wir uns täglich immer ein Stück des Tages auch für uns heraus. Anfangs hatten wir dabei die Befürchtung, dass wir dadurch weniger Zeit als Familie hätten. Wir haben aber schnell herausgefunden, dass das Gegenteil der Fall war. Wir sind zufriedener mit unserem Leben und uns selbst. So können wir die Zeit mit der Familie viel mehr genießen und sind sowohl liebevollere Eltern, als auch aufmerksamere Ehepartner und nicht zuletzt glücklichere Menschen, die dieses Glück und ihre Freude mit der Welt teilen.«

»Und inwieweit entsprechen diese Worte von Bestimmungen und Hügeln der Realität?«, wollte ich wissen. »Welches Gewicht du diesen Worten verleihst, bestimmst nur du allein. Es ist deine Realität, die von deinen Gedanken geschaffen wird. Woran du glaubst, kann wahr werden«, antwortete Tata.

Wieder zückte ich mein Notizbuch und fing an zu schreiben.

31

Abends saß ich mit Tata am Strand. Kiri brachte gerade ihre beiden Jungs ins Bett. Tata und Kiri wechselten sich jeden Tag mit dieser Aufgabe ab. So war es für sie alle vier am schönsten. Jeder hatte einen Abend mit ihren tollen Kindern, danach einen Abend für sich. Sobald die Jungs eingeschlafen waren, hatten Kiri und Tata Zeit füreinander.

»Ich habe über deine *Geschichte der drei Hügel* nachgedacht«, begann ich unser Gespräch. »Und, ist dir noch etwas dazu eingefallen?«, wollte Tata wissen. »Durchaus. Was ist deine Meinung: Wozu gibt es diese Hügel im Leben? Warum muss alles schwer sein? Wäre es nicht viel einfacher, wenn diese Hügel nicht existieren würden und es einfach nur einen geraden Weg zu einem Ziel geben würde?«

»Diese Frage habe ich mir auch gestellt und ich bin für mich zu einer Erkenntnis gekommen«, sagte Tata. »Hast du eine Lieblingssportart, Matt?« »Was hat diese Frage denn damit zu tun?«, fragte ich. »Darauf kommen wir gleich. Also, spielst du gerne eine bestimmte Sportart?« »Zu High-School-Zeiten habe ich sehr gerne und intensiv Football gespielt«, antwortete ich. »Alleine?«, fragte Tata. *»Manchmal hatte ich echt das Gefühl, dass Tata von meiner Welt keine Ahnung hatte…«*

»Natürlich nicht. Wie sollte man Football denn alleine spielen können? Natürlich im Team. Ich war Running Back bei den Wildcats. Wir waren richtig gut und lieferten uns Jahr für Jahr spannende Matches um die Lokalmeisterschaften mit unseren härtesten Konkurrenten, den Eagles. Wir waren beide ziemlich ausgeglichen gut und dadurch war es immer wieder aufs Neue spannend, wer dieses Jahr wohl den Titel gewinnen würde.«

»Wie interessant wäre dann ein Footballmatch ohne gegnerisches Team?«, wollte Tata wissen. »Langweilig. Wer sollte einen denn dann auf dem Weg in die Endzone aufhalten?«, fragte ich. »Und genau so sehe ich die drei Hügel: Diese Hügel stehen für Herausforderungen. Ganz ohne Herausforderungen können wir uns nicht weiterentwickeln. Das Leben wäre schnell langweilig - wie ein Footballmatch ohne Gegner. Es geht darum, wie wir das andere Team überlisten können, um einen Punkt zu erzielen. Das macht den Reiz des Spiels aus.

Beim Leben ist das genauso: Das Leben fordert uns heraus, wenn wir unsere Bestimmungen erreichen wollen. Es will sichergehen, dass wir unser Ziel auch von ganzem Herzen erreichen wollen. Und um das zu überprüfen, stellt uns das Leben vor Herausforderungen. Ob wir diese Herausforderungen annehmen und uns einen

Weg überlegen, wie wir dennoch ans Ziel kommen, oder ob wir aufgeben, entscheiden wir selbst.«

Wieder zückte ich mein Notizbuch und machte mich ans Schreiben.

32

Es war schon ziemlich spät und Tata und ich saßen immer noch am Strand. Die Sonne war bereits untergegangen und unser Lagerfeuer war neben dem Vollmond die einzige Lichtquelle. Tata und seine Familie lebten hier wirklich wie im Paradies. Das brachte mich zurück zu meinem Problem: Ich wusste, dass ich etwas an meinem Leben verändern musste, um selbst auch wieder glücklich zu werden.

»Was, wenn ich mich nicht traue, mich zu verändern? Was, wenn ich es einfach nicht kann?«, fragte ich Tata. »Kennst du die Geschichte von Tongo, dem größten Elefantenbullen aller Zeiten?«, wollte Tata wissen.

»Nein, erzähl sie mir«, bat ich. »Sie kommt aus deiner Welt«, sagte Tata. »Ein früherer Besucher hat sie uns mitgebracht. Nanna Nuri erzählt diese Geschichte sehr gerne. Sie ist die älteste Frau auf unserer Insel und ich muss sie dir unbedingt noch vorstellen. *Die Geschichte von Tongo, dem größten Elefantenbullen aller Zeiten* geht folgendermaßen:

Ein Wanderzirkus hatte einen mächtigen Elefantenbullen als Attraktion. Dieser Elefantenbulle hieß Tongo und er war der größte Elefant, den sämtliche Kinder jemals gesehen hatten.

Alle Kinder waren beeindruckt, wie groß und stark er war. Er konnte mit seinem Rüssel die schwersten Dinge heben. In der Zirkusshow hob er nur mit seinem Rüssel Fahrräder, Motorräder und sogar ein Auto hoch in die Luft. Eins seiner Beine war breiter als die Kinder selbst und alle Kinder waren sich sicher, dass nichts und niemand auf dieser Welt ihn aufhalten konnte.

Nach jeder Vorstellung wurde dieser mächtige Elefantenbulle allerdings an eine Kette aus schwerem Eisen gelegt, die an einem sehr schmächtigen Pflock in die Erde gerammt wurde. Ein besonders pfiffiger Junge, der gar nicht genug von Tongo bekommen konnte, sah dem Schauspiel staunend zu. Der gerade eben in der Manege noch so starke und mächtige Elefantenbulle ließ sich brav an die Kette legen, einfach so. Und zwischen ihm und seiner Freiheit lag nur noch dieser albern dünne Pflock, den jedes Schulkind problemlos aus der Erde ziehen konnte.

»Warum reißt er sich nicht einfach los?«, fragte der Junge den Zirkusdirektor. »Tongo ist so stark, dass er es problemlos schaffen würde.« »Da bin ich mir sogar sehr sicher, dass er das schaffen würde«, bestätigte der Zirkusdirektor. »Weißt du, seit wann Tongo hier in unserem Zirkus lebt?«, fragte der Zirkusdirektor. »Nein«, antwortete der Junge. »Schon seit sehr langer Zeit. Schon seit Tongo ein kleiner Elefantenjunge war«, erzählte der Zirkusdirektor. »Zu diesem Zeitpunkt war der Pflock in der Tat stärker als Tongo. Tongo hat sich am Anfang jeden Abend abgemüht, um sich loszureißen. Er hat sich jeden Abend so abgekämpft, bis er vor Erschöpfung eingeschlafen ist. Das ging sieben Abende so, bis Tongo sein Schicksal akzeptiert

hatte. Seitdem hat er nie wieder versucht sich vom Pflock loszureißen, obwohl er es heute problemlos schaffen würde.«

Der Zirkusdirektor ging weiter seines Weges und ließ den
Jungen erstaunt zurück. Der Junge fühlte eine tiefe Traurig-
keit und Mitgefühl mit dem Elefantenbullen, der seine eigene
Kraft nicht kannte. Und da es sich um einen sehr pfiffigen Jungen handelte, ersann er einen Plan: Der Junge hatte einmal
gehört, dass selbst riesige Elefanten Angst vor klitzekleinen
Mäusen hatten.

Und wie es das Schicksal so wollte, gab es in dieser Zirkus-
vorstellung auch eine kleine weiße Maus. In ihrer Vorstellung
ging es darum, den besten Weg durch ein Labyrinth zu finden
und die Maus war echt gut darin. Der Junge machte sich also
auf die Suche nach ihr und brauchte nicht lange, um den Mäu-
sekäfig zu finden.

Er redete beruhigend auf die kleine Maus ein: »Keine
Angst, ich tu dir nichts. Aber ich brauche deine Hilfe«, sagte
der Junge zur Maus. Die Maus fiepte und der Junge nahm das
als Zeichen ihrer Zustimmung. Er öffnete die Tür zu ihrem
kleinen Käfig und die kleine weiße Maus sprang auf seine
Hand. »Du musst jemanden für mich erschrecken, der viel
größer ist als du«, sprach der Junge weiter. Wieder fiepte die
Maus. Gerade so, als würde sie ihn verstehen. Der Junge
deckte die Maus mit beiden Händen zu, so dass niemand sehen
konnte, was er in seinen Händen hielt. Zusammen machten
sich die beiden auf zu dem Elefantenbullen.

Tongo, der oft von Kindern mit Erdnüssen gefüttert
wurde, betrachtete neugierig die verschlossenen Hände des
Jungen, in der Hoffnung etwas Leckeres darin zu entdecken.
Tongo tastete sich mit seinem Rüssel bis zu den Händen vor,

als der Junge seine obere Hand wegnahm und die kleine weiße
Maus zum Vorschein kam. Tongo trompetete laut auf vor
Schreck. Der riesige Elefant hatte tatsächlich Angst vor einer
kleinen Maus. Er stampfte wie von der Tarantel gestochen in
die entgegengesetzte Richtung und ergriff die Flucht.

Der Pflock, der ihn jahrelang fest angekettet hatte, flog wie
ein Grashalm aus der Erde und Tongo schleifte ihn einfach
hinter sich her. Der Junge freute sich und Tongo war von nun
an frei und wurde nie wieder in einer Zirkusmanege gesehen.

»Eine schöne Geschichte«, sagte ich. »Nur was hat das
mit mir zu tun? Soll ich etwa der pfiffige Junge sein?«
Tata musste lachen und sagte: »Nein, rate noch einmal.«
Langsam wurde mir so einiges klar. »Du meinst, ich bin
Tongo, der Elefantenbulle, der nicht weiß, wie stark er
wirklich ist?«, fragte ich. »Exakt. Auch du besitzt noch
Überzeugungen aus deiner Kindheit. Überzeugungen,
was du schaffen kannst und was du niemals erreichen
wirst. Du hast diese Überzeugungen niemals in Frage
gestellt. So wie Tongo niemals wieder in Frage gestellt
hat, ob nun er oder der Pflock stärker ist.

Diese Glaubenssätze sind längst überholt, denn du
bist ein erwachsener Mann. Es wird Zeit, diese Überzeugungen über Bord zu werfen und herauszufinden, was
du wirklich alles kannst. Du wirst erstaunt sein, welche
Grenzen es jahrelang nur in deinem Kopf gegeben hat
und wie stark du wirklich bist«, sagte Tata.

»Ich soll also der erwachsene Elefant sein, der sich
nicht mehr von einem kleinen Pflock und den Überzeugungen aus seiner Kindheit aufhalten lässt?«, fragte ich.

»Sei der erwachsene Elefant, nicht das Elefantenkind«, sagte Tata.

Ich zückte mein Notizbuch und fing an zu schreiben.

33

Am nächsten Morgen war ich früh wach und einzig Kiri war bereits vor mir aufgestanden. Als ich aus der Hütte kam, bereitete sie schon ein prächtiges Frühstück für uns vor.

»Darf ich dich etwas fragen, Kiri?«, wollte ich von ihr wissen. »Natürlich«, antwortete sie. «Worum geht es?« »Ich habe über deine 4,17 nachgedacht, über deine Stunde am Tag für dich. Warum hast du diese Stunde für dich auf so eine frühe Zeit gelegt und nicht bequem am Nachmittag oder Abend?«, fragte ich.

Kiri lächelte und sagte: »Ich habe dabei viel herumprobiert. Du musst wissen, dass ich nicht der geborene Morgenmensch war. Es fiel mir am Anfang sehr schwer, früher aufzustehen. Allerdings habe ich für mich herausgefunden, dass der Morgen, der für mich entscheidende Teil des Tages ist, da er die Weichen für den gesamten Tag stellt. Bei meiner 4,17 geht es nur um mich allein. Das ist der Teil des Tages, den ich ganz egoistisch mir selbst widme, bevor ich all die anderen wunderbaren Menschen in meinen Tag lasse. Anfangs hatte ich versucht, mir am Nachmittag eine Auszeit nur für mich zu nehmen. Das hat an manchen Tagen auch ganz wunderbar geklappt. Meistens ist mir aber irgendetwas dazwischengekommen, das mir dann doch wichtiger war, als meine Zeit für mich.

Deswegen habe ich ausprobiert, mir morgens Zeit für mich zu nehmen. Und das, noch bevor meine Familie überhaupt aufgestanden war. Seitdem habe ich keine Probleme mehr, mir die Zeit für mich zu nehmen. Zu dieser morgendlichen Stunde kann mir noch nichts dazwischenkommen, denn es existieren noch keine Einflüsse von außen. Es gibt nichts, worauf ich bereits morgens reagieren müsste.

So bin ich meinem Tag einen wichtigen Schritt voraus. Früher bin ich in den Tag gestartet, den Kopf voller Gedanken, was ich noch alles machen möchte. Was ich für und mit meiner Familie machen möchte und auch was ich heute für mich tun möchte. Das ging fast nie auf. Meistens haben die Pläne für meine Familie über die Zeit, die ich nur für mich verwenden wollte, gewonnen. Mittlerweile starte ich völlig entspannt in den Tag, mit dem guten Gefühl, dass ich bereits etwas nur für mich getan habe. So kann ich mich vollständig um meine Jungs kümmern und widme ihnen bereits seit dem Zeitpunkt des Aufstehens meine vollkommene Aufmerksamkeit. Das ist das Beste für uns alle.«

»Bist du nicht manchmal noch müde und möchtest lieber liegenbleiben?«, wollte ich wissen. »Natürlich, auch das kommt vor«, sagte Kiri. »In den meisten aller Fällen stehe ich aber trotzdem früh auf und nutze die Zeit für mich. Ich überlege mir dann, was für mich wertvoller ist: Weiterschlafen, oder etwas für mich zu tun. In den allermeisten Fällen komme ich zu dem Entschluss, dass ich lieber meine Zeit für mich nutze. Ich habe für mich herausgefunden, dass ich lieber früher schlafen gehe, um morgens meine Stunde für mich frei von allen Anforderungen des Tages zu erleben.«

»Was machst du in deiner Stunde für dich?«, wollte ich von Kiri wissen. »Ich teile meine Stunde für mich in drei Teile, wobei ich die Längen der einzelnen Zeiteinheiten variiere, um Abwechslung in meiner Morgenroutine zu haben. Der erste Teil ist körperliche Betätigung. Nichts bringt dich körperlich und geistig so schnell auf Touren, als eine Sporteinheit am Morgen. Wenn dir das anfangs schwer vorkommt, überliste einfach deine negativen Gewohnheiten. Leg deine Sportklamotten abends neben dein Bett und deine Tagklamotten neben die Dusche, so kommst du morgens nicht auf dumme Gedanken.

Die zweite Zeiteinheit verbringe ich mit Meditation. Ich verbinde mich mit meinem innersten Selbst. Diese Zeit nutze ich, um die wichtigen von den wertlosen Gedanken zu trennen. Viele Menschen haben Angst davor, Zeit mit ihren Gedanken allein zu verbringen. Diese Angst gilt es zu überwinden und sich seinen Gedanken zu stellen. Deine Gedanken wollen dir nichts Böses und du kannst sie bewusst lenken, indem du dich mit ihnen beschäftigst.

Den letzten Teil meiner Stunde für mich nutze ich für mein Notizbuch und zum Lernen. Ich plane jeden Tag, plane meine Ziele und wie ich mich als Mensch verhalten möchte. Zusätzlich blättere ich in meinem Notizbuch zurück und vergleiche, wie gut mir mein Vortag gelungen ist und an welcher Stelle ich noch die ein oder andere Stellschraube feinjustieren muss. Um von anderen zu lernen, studiere ich noch die Notizbücher von Bewohnern, die den körperlichen Teil ihres Lebens hinter sich gelassen haben.

Und dabei gibt es doch glatt eine Sache, die mir an eurer Welt besser gefällt als an unserer: Habt ihr wirklich die Möglichkeit, auf das Wissen aus Millionen von Büchern jederzeit zuzugreifen?« »Das ist jederzeit problemlos möglich«, antwortete ich wahrheitsgemäß und mir wurde dabei bewusst, wie einfach es für mich war, dazuzulernen, egal welches Thema mich interessieren sollte.

Wieder zückte ich mein Notizbuch und fing an zu schreiben.

34

Für heute Nachmittag nahm ich mir vor, herauszufinden, wie Kiri es schaffte, so ein positiver und strahlender Mensch zu sein. Sie hatte wahrlich eine Aura von Positivität und Lebensfreude, die ihresgleichen sucht, und ich musste einfach wissen, wie sie das hinbekommen hat. Ninni und Lui waren mit den anderen Kindern des Stammes unterwegs, eine hervorragende Chance also mit Kiri in Ruhe zu sprechen.

»Verrätst du mir dein Geheimnis?«, fragte ich Kiri. »Um welches Geheimnis geht es denn?«, wollte Kiri wissen. »Dein Geheimnis, wie du zu so einem Quell an Lebensfreude und Positivität wurdest«, sagte ich.

Kiri strahlte. »Vielen Dank. Es freut mich zu hören, dass ich auf dich so wirke, wie ich mich fühle.« »Ich habe nie einen besser gelaunten, ausgeglicheneren oder gelasseneren Menschen als dich getroffen. Wie machst du das?«, wollte ich wissen.

»Meine Lebenseinstellung beinhaltet, meinem Leben einen positiven Rahmen zu geben, in dem die schönen Dinge in meinem Leben Platz finden.« »Was meinst du mit *Rahmen*?«, wollte ich wissen.

»Ich beginne jeden Morgen mit positiven Gedanken und beende jeden Abend mit positiven Gedanken. Morgens, in den letzten fünf Minuten meiner Stunde für mich, lese ich in meinem Notizbuch. Dort habe ich meine schönsten Momente, meine wichtigsten Erkenntnisse und meine herausforderndsten Ziele für mein Leben notiert. Immer wenn ich darin lese, fühle ich mich danach als könnte ich Bäume ausreißen. So bin ich morgens bereits gut gelaunt, wenn meine Familie aufsteht. Abends notiere ich mir entweder drei Dinge, für die ich in meinem Leben dankbar bin, oder aber ich lese in meinem Notizbuch, für welche Dinge ich gestern, vor einer Woche oder vor einem Monat dankbar war. Der wichtigste Aspekt der Dankbarkeit ist, dass du nichts als selbstverständlich betrachtest. Auch wenn ich schon sehr lange mit Tata zusammen bin, so nehme ich auch seine Liebe nicht für gegeben hin. So bleibe ich ihm gegenüber aufmerksam und zeige ihm jeden Tag, wie glücklich es mich macht, ihn in meinem Leben zu haben. Bei unseren Kindern natürlich auch. Ich sage zum Beispiel jedem Familienmitglied jeden Abend, wie sehr ich ihn liebe und auch, was ihn so einzigartig für mich macht. Und dasselbe mache ich jeden Morgen. Schlechte Laune hat dadurch bei mir keine Chance.«

»Und der Rahmen bedeutet dann, dass du deinen Tag immer gleich positiv beginnst und beendest?«, wollte ich wissen. »Genau«, sagte Kiri. »Innerhalb meines Rahmens aus Positivität und Glück habe ich das Gefühl, dass ich noch mehr Positives für mich und meine Familie anziehe. Als würde das Universum mir noch mehr gute Gedanken und glückliche Momente schenken.«

Ich zückte mein Notizbuch und fing an zu schreiben.

35

Am heutigen Tag nahm mich Tata mit zu Nanna Nuri, der ältesten Frau der Insel. »Sie ist wirklich eine tolle Frau und trotz ihres hohen Alters immer noch sehr lebensfroh«, sagte Tata. »Wie alt ist sie denn?«, wollte ich wissen. »107«, sagte Tata. »Hui, das ist in der Tat alt«, sagte ich. »Man sieht ihr aber ihr Alter nicht an«, sagte Tata und winkte mir zu, dass ich ihm folgen sollte.

Der Weg zu Nanna Nuri führte uns am Strand entlang. Das Meer war heute ganz ruhig und nur ein paar kleine Wellen brandeten sanft gegen den Strand. »Wie lange brauchen wir?«, wollte ich wissen. »Bis wir da sind«, sagte Tata und lachte. »Lass dich einfach auf den Weg ein. Du musst nicht immer alles in Minuten wissen.« Wir gingen also eine Weile, bis wir von weitem ein einziges Haus sahen. Es hatte eine wahrhaft traumhafte

Lage. Etwas erhöht auf einem Hügel mit einem sagenhaften Ausblick aufs Meer. Unter ihr der weiße Strand mit einzelnen Palmen, dann kam das türkisfarbene Meer. Hinter der Hütte ging direkt der Dschungel los.

»Hier wohnt Nanna Nuri«, sagte Tata feierlich. Als wir näher kamen, sahen wir die alte Frau auf der Bank vor ihrem Haus sitzen, wie sie mit einem Lächeln auf den Lippen das Meer betrachtete. Hätte mir Tata davor nicht erzählt, wie alt sie tatsächlich schon ist, hätte ich sie höchstens auf 70 geschätzt. Die Insel schien ihr ein langes Leben zu gewähren.

»Hallo Nanna Nuri«, begrüßte Tata sie. »Ich habe dir jemanden mitgebracht.« »Hallo Hoa Pili Hou«, begrüßte mich Nanna Nuri mit meinem Inselnamen. »Hallo Nanna Nuri, es freut mich, dich kennenzulernen«, sagte ich. »Die Freude ist ganz meinerseits«, erwiderte die alte Frau, die gar nicht so alt aussah. »Was hat dich auf unsere Insel verschlagen?« »Ich habe das Gefühl, mich in meinem Leben verlaufen und einen falschen Weg eingeschlagen zu haben. Ich fühle eine innere Leere in mir und habe bemerkt, dass es Zeit für eine Veränderung ist«, erzählte ich.

Nanna Nuri nickte verständnisvoll. »Auch ich war vor langer Zeit an deiner Stelle und mich quälte die Frage, ob ich meine Zeit im Leben sinnvoll nutzen würde«, erzählte Nanna Nuri. »Ich kenne dazu eine passende Geschichte«, sagte sie und sie erzählte mir *das Gleichnis von der Raupe und dem Schmetterling*:

Es gab einmal eine Raupe. Diese Raupe lebte ihr bodenständiges Leben. Sie krabbelte durch die Gegend und träumte vom Fliegen. Sie sah die wunderschönen Schmetterlinge und dachte sich: Das will ich auch können. Doch eine Raupe kann nun mal nicht fliegen. Also träumte und träumte sie so vor sich hin, immer in der Hoffnung fliegen zu können.

Eines Tages, als sich die Raupe ganz schwach und matt fühlte, befürchtete sie, dass es mit ihrem Leben zu Ende ginge. Sie kuschelte sich ein und baute sich einen Kokon als ihre letzte Ruhestätte. Im Kopf hatte sie immer noch diesen einen Wunsch: Fliegen zu können.

Es verging ein Tag, und nichts geschah, die Raupe wurde nicht mehr gesehen. Ihre Freunde waren sehr traurig, denn sie vermissten ihre Raupe. Es verging ein weiterer Tag und nichts geschah. Doch am Tag darauf platzte der Kokon auf und heraus kam ein wunderschöner Schmetterling. Dieser Schmetterling bekam gar nicht genug vom Fliegen. Man sah ihm an, dass er genau das tat, was er immer tun wollte. Er strahlte eine Eleganz und Glückseligkeit aus, wie kaum ein anderer seiner Gattung - er hatte seine Bestimmung gefunden.

Ich ließ die Geschichte einen Moment auf mich wirken, als Nanna Nuri weitersprach: »Bei uns Menschen lässt sich dieser Schmetterlingseffekt ebenso beobachten. Jahrelang sind wir im Stadium der Raupe gefangen. Wir träumen davon, fliegen zu können. Wobei das *Fliegen* für jeden Menschen für ganz unterschiedliche Aktivitäten stehen kann. Auf jeden Fall fehlt uns der Mut dazu. Der Mut dazu, uns zu verändern. Uns aus dem Raupenstadium weiterzuentwickeln und unser Leben so zu leben, wie wir es möchten. Einige Menschen haben das Glück, eines Tages einen Aha-Effekt zu erleben. Sie merken, dass sie einen Schmetterling in sich tragen, der fliegen kann. Sie müssen ihn nur freilassen. Sie müssen das Raupenstadium verlassen, um der Schmetterling zu werden.«

Wir unterhielten uns noch eine Weile, bis ich eine Frage stellte, die mir schon die ganze Zeit unter den Nägeln brannte. »Wie hast du es geschafft, so alt zu werden und trotzdem so jung auszusehen?«, fragte ich. »Das hast du sehr nett gesagt«, antwortete Nanna Nuri und strahlte. »Es gibt kein Geheimnis hinter meinem Alter. Vor gefühlt einem halben Leben hatte ich die Befürchtung, falsch abgebogen zu sein. Ich hatte panische Angst vor dem Tod, denn ich hatte noch so viel nicht gemacht oder gesehen, was ich im Leben noch vorhatte. Als ich für mich herausfand, dass ich ein Schmetterling und keine Raupe war, habe ich damit angefangen, diese Dinge in mein Leben zu integrieren. Ich wollte keine Angst mehr vor dem Tod haben. Die Angst hatte ich nicht vor dem Sterben selbst, sondern davor, nicht gelebt zu haben. Genauer gesagt, nicht *mein* Leben gelebt zu haben. Ich hatte davor ein Leben gelebt, das geprägt von äußeren Einflüssen und den Entscheidungen anderer war. Das wollte ich nicht mehr. Ich wollte *mein* Leben leben. Mit den Facetten, die *mir* im Leben wichtig sind. Also krempelte ich mein Leben um und hatte dadurch in jedem einzelnen Tag mehr Lebensfreude, als ich davor in ganzen Wochen oder Monaten hatte, denn ich machte jeden Tag etwas nur für mich. Miki nennt das immer

Meine 4,17, aber das weißt du sicher schon, denn Tata ist ein hervorragender Gastgeber und hat ihn dir sicher nicht vorenthalten. Und so verschwand Stück für Stück auch meine Angst vor dem Tod. Ich hatte mehr und mehr das Gefühl, genau das Leben zu leben, das ich leben wollte.

Und sobald du das Leben lebst, das du dir selbst ausgesucht hast, gibt es keinen Grund mehr, Angst vor dem Tod zu haben. Wie Tata dir bestimmt schon erzählt hat, ist unser Volk der Ansicht, dass dieses körperliche Leben nur eine Phase unseres Lebens ist und danach beginnt eine neue Phase des Seins. Seit dieser Zeit an hatte ich nicht mehr das Gefühl, dass dieser Lebensabschnitt für mich verlorene Zeit sein könnte. Seitdem habe ich meine Angst vor dem Tod besiegt und freue mich über jeden weiteren Tag, den ich auf dieser Welt erleben darf - und bis heute waren es sehr viele weitere Tage.«

Tata und ich verabschiedeten uns von der alten Frau und machten uns auf den Weg zu Tatas Hütte. Auf dem Rückweg musste ich unbedingt noch ein paar Fragen zu dieser Geschichte loswerden. »Die Geschichte mit der Raupe und dem Schmetterling ist eine interessante Betrachtungsweise«, sagte ich. »Aber was ist mit den Menschen, die nie herausfinden, dass sie einen Schmetterling in sich haben?«

»Diese Menschen kommen niemals über das Raupenstadium hinaus«, sagte Tata. »Manche beklagen sich über ihr Leben und reden sich selbst ein, dass sie ja gerne ihre Träume verwirklichen würden, aber sie sind zu alt, zu jung, zu dünn, zu dick, ihre Freunde haben einen schlechten Einfluss auf sie, ihre Eltern haben sie falsch erzogen - kurz gesagt, sie finden immer eine Ausrede, warum sie nicht selbst für ihr Leben verantwortlich sind. Sie brauchen diese Gründe, um sich gegenüber sich selbst rechtfertigen zu können, warum sie nie damit beginnen, mehr aus sich zu machen. Andere zweifeln an ihren Fähigkeiten: *Wer bin ich schon, um ein eigenes Geschäft zu eröffnen? Wer bin ich schon, um anderen etwas beizubringen?* Dabei sollte die Frage lauten: *Wer, wenn nicht ich?* Diese Menschen lernen nie zu fliegen, bis es eines Tages zu spät ist.«

»Das ist sehr traurig. Wie gelangt man von der Raupe zum Schmetterling?», wollte ich wissen. »Es ähnelt dem Erwachen aus einem Traum«, sagte Tata. »Du merkst eines Tages, dass das Leben, das du lebst nicht deines ist. Es ist nicht das Leben, das du dir ausgesucht hast. Du bist mehr oder weniger unbewusst in dieses Leben hineingeschlittert. Gleichzeitig merkst du auch, dass du sämtliche Fähigkeiten in dir trägst, dies zu verändern. Du findest für dich heraus, was du wirklich möchtest. In der Geschichte beschreibt das die Zeit im Kokon. Und dann, dann machst du es einfach. Du setzt es in die Tat um. Menschen, die kurz davorstehen, diesen wichtigen Schritt zu machen, aber noch einen kleinen Stups in die richtige Richtung benötigen, kommen zu uns auf die Insel.»

»Das erinnert mich an eine Äußerung, die mein Onkel bei jeder Familienfeier ungefragt kundtat: *Warte nicht auf den Bus, der vielleicht niemals kommen wird*, sagte er immer. Früher hatte ich nie verstanden, was er damit gemeint hat. Heute bin ich mir ziemlich sicher, dass er genau das gemeint hat: Vertrödle nicht dein Leben mit Warten. Warten auf den perfekten Moment, warten aufs Wochenende, warten auf ein bestimmtes Ereignis, das als Ausrede dafür hergenommen wird, nicht sofort starten zu müssen. Sondern geh raus und mach es. Und zwar nicht irgendwann, sondern genau jetzt«, schloss ich feierlich die Erkenntnis ab, zu der ich gerade gekommen bin.

Ich holte mein Notizbuch heraus und fing an zu schreiben.

36

An diesem Abend ging ich mit Tata am Strand spazieren. Die Sonne war bereits untergegangen und die Insel und ihre Bewohner legten sich langsam zur Ruhe. Die Tierwelt war auch nicht mehr so aktiv wie tagsüber und nur vereinzelt sahen wir noch Krebse am Strand herumkrebsen. »Du hast bei meiner Ankunft die Formulierung verwendet, *Menschen aus meiner Welt kommen euch häufiger besuchen*. Was genau hast du damit gemeint?«, fragte ich.

»Es kommt eine Zeit für die meisten Menschen im Leben, in der sie sich mit der Sinnhaftigkeit ihres Lebens auseinandersetzen. Sie hegen Zweifel, dass der Weg, den sie im Leben eingeschlagen haben, der Richtige für sie ist. Sie werden von Fragen geplagt, auf die sie keine Antworten haben und wissen auch nicht, wie sie auf die Antworten kommen können. In diesem Moment, wenn diese Menschen es am nötigsten haben, finden sie einen Weg auf unsere Insel - genau wie du. Der interessante Part ist allerdings, dass die Meisten dieser Menschen die Antworten bereits tief in ihrem Innersten kennen. Sie haben sie nur so tief vergraben, dass sie eine helfende Hand brauchen, die ihnen den Anfang dieses Weges weist«, sagte Tata.

»Der Aufenthalt bei euch hat mich viele Aspekte meines Lebens in einem neuen Licht sehen lassen. Aber wie komme ich denn wieder zurück in meine Welt?«, wollte ich wissen. Tata lachte. »Da mach dir mal keine Sorgen, sobald deine Zeit auf unserer Insel vorüber ist, wird sich dieses Problem von selbst lösen.«

Wieder einmal wusste ich nicht so recht, was Tata damit meinte, dann schoss mir aber noch eine weitere Frage durch den Kopf, die ich schon immer stellen wollte. »Was bedeutet eigentlich *Hoa Pili Hou*?«, fragte ich. »Du hast mich bei meiner Ankunft so genannt und auch etliche Menschen auf eurer Insel haben mich so genannt. Ist das euer Wort für Fremder?« Tata musste lachen. »Nein. Das Wort *Fremder* existiert nicht in unserer Sprache. Dieser Name bedeutet: *Freund, den wir noch nicht gekannt haben*.«

Freund, den wir noch nicht gekannt haben, das gefiel mir wesentlich besser als *Fremder*. Als wir vom Strandspaziergang zurückkamen, war ich todmüde und legte mich gleich ins Bett. *»Wann meine Zeit hier wohl beendet war und ich wieder zurück in meine Welt durfte? Und wie ich wohl zurückkommen würde?«* Das waren meine letzten Gedanken, dann fielen mir die Augen zu.

Teil 3

Zurück in Miami

Als ich erwachte, schmeckte mein Mund salzig und sandig zugleich. Außerdem musste ich so husten, als würde ich fast ersticken und ein Schwall Salzwasser landete neben mir im Sand. Um mich herum stand ein Pulk von Menschen und einer von ihnen hämmerte mir gerade mit ziemlicher Wucht auf meinen Brustkorb. Der Typ sah so aus, als käme er direkt vom Muscle Beach. »Er lebt!«, rief er und die Menge jubelte.

»War ich wohl davor nicht am Leben gewesen? Und wo bin ich überhaupt?«, schoss es mir durch den Kopf. Als ich mich noch leicht benommen umsah, bemerkte ich den South Pointe Park Pier. Ich war also zurück in Miami.

»Vielen Dank für meine Rettung! Wo ist mein Boot? Was ist passiert?«, fragte ich die um mich herumstehenden Leute. »Welches Boot? Ich habe dich aus dem Wasser gezogen, aber ein Boot habe ich nicht gesehen«, sagte mein Retter. *»Eigenartig«*, dachte ich bei mir. Hatte ich etwa das alles nur geträumt? Panisch griff ich in meine Hosentasche. Diesmal nicht, um mein Handy zu ertasten, sondern etwas viel Wichtigeres: Mein Notizbuch.

Und siehe da, da war es. Ein wenig durchnässt und die Seiten waren gewellt vom Wasser, aber alles noch gut lesbar. Bei diesem Buch kam es nicht auf den äußeren Zustand an, sondern auf den Inhalt. Irgendwie erinnerte mich das auch an Menschen...

Nach meinem Aufenthalt auf der Insel der Erkenntnis war für mich nichts mehr, wie es einmal war. Die Fragen, die ich mir auf dieser Insel gestellt hatte, ließen mich nicht mehr los. Sie hatten sich so tief in meinen Kopf gebrannt, dass ich unbedingt die passenden Antworten darauf finden musste. Jede Frage war wie ein verschlossenes Tor, das ich ohne die passende Antwort oder das passende Codewort nicht öffnen konnte. Ich konnte mir nur ausmalen, was mich hinter diesem Tor erwarten würde.

Diese Neugierde trieb mich jeden Tag aufs Neue an, meine Antworten auf diese Fragen zu finden.

Epilog

Ein Jahr später

Du willst wissen, wie sich mein Leben in den letzten zwölf Monaten nach meinem Aufenthalt auf der Insel verändert hat? *Grundlegend*, wäre die kurze, etwas wortkarge Antwort darauf. Aber du willst bestimmt die Langfassung hören:

Einmal die Fragen der Insel der Erkenntnis im Kopf, wofür ich brenne und für was ich mich im Leben interessiere, konnte ich nicht umhin das herauszufinden. Ich erinnerte mich an meinen Traum aus meiner Kindheit: Fotografieren und dabei die entlegensten Winkel der Welt entdecken. Ich nahm mir vier Wochen Urlaub, um herauszufinden, ob das nur ein Traum war, den ich beim ersten Ausprobieren wieder über Bord werfen würde, oder ob es genau das ist, was mir meine Erfüllung bringt.

Mein Reiseziel war Asien. Ich wollte schon immer nach Thailand reisen. Ausgestattet mit meiner neu angeschafften Fotoausrüstung machte ich mich auf, die Inseln Koh Samui, Koh Tao und Koh Phangan zu erkunden. Die Schönheit der Natur war überwältigend und ich konnte dutzende Fotografien mit nach Hause bringen, denen ich gut und gerne den Titel *Paradies* geben würde. Die vier Wochen vergingen wie im Flug und ich war in dieser Zeit so glücklich, wie ich es nie zuvor in meinem Leben war.

Wieder zurück im Büro überkam mich immer häufiger die Frage »*Machst du das im Leben, was du liebst?*«. Die Antwort darauf lautete leider *nein*, da ich weiterhin meine Tage und Wochen im Büro verbrachte, während mein Herz lieber auf Reisen wäre und die Wunder der Welt auf Fotografien festhalten würde. Da ich gelernt hatte, dass es nicht ratsam ist, die eigenen Lebensziele auf ein *Später* zu verschieben, das es möglicherweise gar nicht gibt, nahm ich mir ein Herz, kündigte meinen Job und beschloss meinen Lebensunterhalt über meine Fotografien zu verdienen.

Ob es anfangs hart war? Auf jeden Fall. Auch wenn meine Bilder für meinen Geschmack außergewöhnlich waren, musste ich natürlich erst einmal herausfinden, wie man damit Geld verdienen konnte. Und wie findet man etwas heraus? Richtig, indem man es macht. Nicht nur darüber nachgrübeln, *was wäre, wenn*, sondern ausprobieren. So fand ich heraus, dass Wandbilder und Kalender mit Bildern tropischer Paradiese und anderer wundervoller Plätze dieser Welt genau mein Ding waren - und die Menschen weltweit sie sich gerne in ihre Wohnungen und Häuser hängten.

Und Sophia? Na, einmal darfst du raten. Noch bevor ich zu meiner ersten Reise aufgebrochen bin, nahm ich all meinen Mut zusammen und bestellte diesmal nicht nur einen Muffin in ihrem Laden, sondern fragte sie auch, ob sie mit mir einen Kaffee trinken gehen wollte. Und so nahm unsere gemeinsame Zukunft ihren Anfang. Sophia wurde Teil meines Lebens und da sie selbst in einer Phase im Leben war, in der sie etwas Neues ausprobieren und sich selbst besser kennenlernen wollte, kam sie einfach auf meine Reisen mit.

Ob ich meine Entscheidung jemals bereut habe? Auf keinen Fall. Heute lebe ich *mein* Leben, so wie es mich erfüllt. Sicherlich hatte ich früher mehr Geld zur Verfügung, das ich in einem Beruf verdient hatte, der mich nie erfüllt hat. Aber da Arbeitszeit Lebenszeit ist, war das damals ein sehr schlechter Tausch. Geld zum Leben habe ich mehr als genug, da ich meine Ansprüche gering halte. Das Einzige, das ich bereuen könnte, ist die Tatsache, dass ich nicht bereits früher damit begonnen hatte. Aber ich gräme mich deshalb nicht. Die Vergangenheit lässt sich nicht ändern. Wir können Erkenntnisse aus unserer Vergangenheit allerdings als Wachrüttler hernehmen, um unsere Zukunft zu gestalten.

Eine neue Reise beginnt immer mit einem mutigen ersten Schritt.

Wann beginnt deine Reise?

- Dein Matt

Anhang

Matts Notizbuch

Notiz an mich selbst

1. Ich notiere mir sämtliche Lektionen und Erkenntnisse, die ich lerne und nie wieder vergessen möchte
2. Ich trage mein Notizbuch immer bei mir, um jede wichtige Erfahrung festhalten zu können
3. Ich lese regelmäßig in meinem Notizbuch, um meine gemachten Erfahrungen wieder in Erinnerung zu rufen, um Lektionen nicht mehrfach lernen zu müssen

Morgenroutine

- Ich bestimme meinen Morgen selbst und lass ihn nicht von äußeren Einflüssen bestimmen
- Ich nutze Technik, damit sie mir dient - und nicht ich der Technik diene
- Ich lese morgens keine Nachrichten, sondern starte entspannt und unbelastet in den Tag
- Wenn ich gehetzt in den Tag starte, werde ich auch einen gehetzten Tag erleben
- Die erste Stunde des Tages gehört ganz mir allein, ganz ohne Technik und Ablenkung

Mein innerer Einklang

🜍 Um souverän auf Situationen reagieren zu können, muss ich mit mir im inneren Einklang sein

🜍 Ich allein bestimme, wie ich auf äußere Einflüsse reagiere

🜍 Ich nehme mir jeden Tag Zeit für mich selbst, eine Stunde pro Tag (*Meine 4,17*)

🜍 Ich entwickle Varianten meines idealen Morgens (Sport, Meditation, Bildung, ...)

🜍 Ich meditiere, um meinen Kopf frei zu bekommen (meine Gedanken sind wie Seifenblasen, die durch meinen Kopf schwirren, unnütze Gedankenseifen-blasen bringe ich zum Platzen)

🜍 Ich notiere mir nach meiner Meditation, welche Gedanken ich behalten und weiterverfolgen möchte

🜍 Ich kümmere mich um meinen Körper und meinen Geist gleichermaßen, beide müssen im Einklang sein

Gewohnheiten

🜍 Schlechte Gewohnheiten, die sich in mein Leben geschlichen haben, kann ich auch wieder aus meinem Leben verbannen, indem ich sie durch diese 3-Schritte-Methode durch gute Gewohnheiten ersetze:

🜍 1. Schritt: Ich erkenne eine Gewohnheit, die ich nicht mehr in meinem Leben möchte

- 🐛 2. Schritt: Ich finde eine bessere Gewohnheit, die die negative Gewohnheit ersetzen soll
- 🐛 3. Schritt: Ich überwinde mein inneres Stachelschwein und praktiziere die neue Gewohnheit
- 🐛 Ich achte darauf, nur Routinen zu etablieren, die mein Energieniveau erhöhen
- 🐛 Ich stehe früh auf, um die Ruhe des Morgens zu genießen (dabei spare ich nicht am Schlaf, sondern gehe zeitig zu Bett, indem ich abends weniger fernsehe)

Ich entscheide

- 🐛 Ich tue mehr von den Dingen im Leben, die mich faszinieren
- 🐛 Ich stelle das Glück anderer nicht über mein Glück, sondern lebe mein eigenes Leben
- 🐛 Ich werde nie wieder Mitglied eines Clubs, in dem ich gar nicht sein möchte, sondern finde heraus, was der für mich richtige Club ist (wichtig: Es gibt auch Clubs mit nur einem Mitglied)
- 🐛 Nur ich entscheide, was für mich richtig und wichtig im Leben ist
- 🐛 Ich löse mich von (imaginären) Erwartungshaltungen anderer

Die Lehrer des Lebens

- ♨ Ich vertage meine Wünsche und Ziele nicht auf ein *Später*, das nicht versprochen ist
- ♨ *Immer wenn ich nicht weiß, wie etwas geht, such ich mir einen Lehrer, der es mir beibringt*
- ♨ Ich suche mir in meinem ganzen Leben Lehrer des Lebens, die mir Neues beibringen
- ♨ Ich lass mich von anderen und ihren Taten inspirieren und frage sie, wie sie das vollbracht haben, damit ich es auch schaffen kann
- ♨ Ich lese Biografien von Persönlichkeiten, die ich bewundere

Die Säulen meines Lebens

- ♨ Ich habe ein bestimmtes Pensum an Energie pro Tag zur Verfügung und entscheide selbst, wofür ich meine Energie verwende
- ♨ Mein Leben thront auf mehreren Säulen, den Säulen meines Lebens
- ♨ Ich kümmere mich darum, dass meine Säulen auf ähnlichen Höhen sind, damit mein Leben ausgeglichen ist und mich das Einstürzen einer Säule nicht vollkommen aus der Bahn wirft
- ♨ Tatas Säulen (Vier Säulen):
    - ♨ Kiri: Liebe zu seiner Frau und liebevoller Umgang mit allen Menschen

- 🐟 Ninni & Lui: Kinder aufs Leben vorbereiten und die Welt, ihre Welt, zu einer besseren machen
- 🐟 Fischen: Produktivsein
- 🐟 Persönliche Entwicklung: Lebenslanges Lernen
- 🐟 Indem ich mich jeden Tag ein bisschen verbessere, nähere ich mich Tag für Tag mehr dem Ideal des Menschen an, der ich sein möchte
- 🐟 Ich plane meine Tage (am besten bereits am Abend zuvor) und gehe abends durch, was ich davon geschafft habe und wo ich mich noch verbessern kann
- 🐟 Ich trage die Kraft in mir, mich an jedem Tag neu zu erfinden
- 🐟 Ich lasse mich nicht von (gedachten) äußeren Beschränkungen in meiner Entwicklung aufhalten
- 🐟 Meine Vergangenheit spielt - bis auf die Lehren, die ich aus ihr gezogen habe und die schönen Momente, die ich erleben durfte - keine Rollte für meine Gegenwart und Zukunft

Mein Seelenpartner

- 🐟 Ich schaffe einen Platz in meinem Leben, den mein Seelenpartner ausfüllen kann, sobald die Frau meines Lebens in mein Leben getreten ist (ist sie bereits in Form von Sophia)
- 🐟 Wenn ich gehetzt durchs Leben gehe, strahle ich dieses Gehetztsein auch aus

- Ein vorbereiteter freier Platz in meinem Leben macht es meinem Seelenpartner einfacher, in meinem Leben seinen Platz zu finden

Ich warte nicht auf perfekte Momente

- Ich höre auf, eine Illusion zu leben, und spreche Sophia endlich an, um sie um ein Date zu bitten
- Dadurch finde ich heraus, ob ein gemeinsames Leben mit ihr Wirklichkeit werden kann, oder nur ein Traum bleibt
- Ich verträume nicht mein ganzes Leben, sondern setze meine Träume in Form von Zielen in die Tat um

Arbeitszeit ist Lebenszeit

- Es gibt nur eine Zeit und das ist meine Lebenszeit
- Ich bestimme, wie ich meine Zeit einteile
- Andere Menschen haben nur so viel Macht über mein Leben, wie ich ihnen zugestehe

Kinder als Teil des Lebensglücks

- Eine gute Basis für das Elternsein ist mit sich selbst im Reinen zu sein
- Als Elternteil musst du dich und deine Bedürfnisse zeitweise hintenanstellen können

- Ich lerne mich ablenkungsfrei zu fokussieren, wie Kinder es können, wenn sie sich stundenlang in ihr Spielen vertiefen
- Ich finde meine Interessen im Leben heraus, bei denen auch ich vollkommen in meiner Tätigkeit versinken kann
- Ich interessiere mich nicht dafür, was andere über mich denken, sondern nur, was ich selbst über mich denke

Ich lerne im Regen zu tanzen

- Ich lerne Dinge zu akzeptieren, die ich nicht verändern kann (bestes Beispiel: Das Wetter)
- Ich entscheide in jedem Moment bewusst, wie ich auf eine Situation reagiere
- Ich bin auch für Regen, Schnee oder Sturm gewappnet und plane diese äußeren Einflüsse in mein Leben ein, indem ich Vorkehrungen treffe

Ich mache meine eigenen Regeln

- Ich selbst bestimme meine Regeln, niemand sonst
- Es ist an der Zeit zu überdenken, wie und wann ich glücklich bin
- Glücklichsein ist meine Entscheidung, die ich bewusst für den Rest meines Lebens treffe

Erlebe Situationen als Erlebender und als Betrachter

☙ Ich lege mir verschiedene Varianten meines Lieblingstags an (arbeitsfreie und Arbeitstage), und versuche, so nah wie möglich an dieses Ideal heranzukommen

☙ Ich reagiere nicht im Affekt und impulsiv, sondern nehme drei tiefe Atemzüge und versuche in dieser Zeit objektiv zu betrachten, was gerade vorgefallen ist und stelle mir dafür folgende Fragen:

  ☙ Was ist gerade geschehen?

  ☙ Warum hat er oder sie das wohl getan - um mich zu ärgern oder gibt es eine andere Motivation, die ich nur noch nicht kenne?

  ☙ Wurmt mich diese Angelegenheit noch in einem Tag, in einer Woche oder in einem Jahr?

☙ Ich definiere mich als besonnenen, ruhigen und ausgeglichenen Menschen, der sich durch nichts aus der Ruhe bringen lässt

☙ Ich bin mit mir selbst im Reinen und kann anderen verzeihen

☙ Gelassenheit ist für mich eine Facette meines glücklichen Lebens

☙ Wenn ich bewundernswerte Menschen treffe, frage ich sie, was ihr Geheimnis ist (oft geben sie mir wertvolle Tipps, siehe Kiri)

☙ Ich überwinde meinen Stolz und stehe mir nicht mehr selbst im Weg

Augen auf bei der Berufswahl

- Sobald ich merke, dass mein gewählter Beruf mich nicht mehr erfüllt, dann suche ich mir einen Beruf, der mir wieder Freude bereitet und Sinn schenkt
- Ich überwinde meine Angst, etwas Neues anzufangen und etwas Bekanntes zurückzulassen
- Ich suche mir eine Tätigkeit, für die ich Feuer und Flamme bin

Die Formel für Reichtum

- Reichtum = Befriedigung / Bedürfnisse
- Zwei Möglichkeiten
  - 1. Befriedigung immer weiter erhöhen
  - 2. Bedürfnisse herunterschrauben (Was brauche ich schon wirklich im Leben?)
- Mein Weg: Bedürfnisse gering halten, um hohen Reichtum zu erhalten
- Reichtum wird nicht in Geld gemessen

Ich kann nur in der Gegenwart glücklich sein

- Nur die Gegenwart ist die Zeit, in der ich lebe, deswegen kann ich auch nur in ihr glücklich sein
- Meine Zeiteinteilung zwischen Vergangenheit, Gegenwart und Zukunft: 10 - 75 - 15

- Ich verbringe 10% meiner Zeit mit meiner Vergangenheit (schöne Erinnerungen und gelernte Lektionen)
- Ich verbringe 75% meiner Zeit in der Gegenwart (Achtsamkeit, Leben im Hier und Jetzt, bewusst meine Zeit nutzen)
- Ich verbringe 15% meiner Zeit mit meiner Zukunft (Pläne schmieden, vorausdenken und vorfreuen)
- Ich werde weder ein *Vergangenheitsnachhänger*, der in der Vergangenheit lebt, noch ein *Zukunftstänzer*, der nur plant, aber nie realisiert

Ich verbringe meine Zeit mit Menschen, die mein Energieniveau erhöhen

- Ich suche mir gewissenhaft aus, mit wem ich meine Zeit verbringe
- Die Menschen, mit denen ich meine meiste Zeit verbringe, färben auf mich ab (positiv oder negativ)
- Ich verbringe meine Zeit mit Menschen, die mein Energieniveau erhöhen und mein Leben bereichern
- Ich selbst erhöhe das Energieniveau meiner Mitmenschen, indem ich mich für sie interessiere, ihnen von Herzen nur das Beste wünsche und ihnen auf ihrem Weg im Leben weiterhelfe

Ich wähle meine Freunde selbst

🜲 Ich verbringe meine Zeit mit positiven Menschen, die mir guttun und mein Energieniveau erhöhen

🜲 Wenn mich Gesprächsthemen nicht interessieren oder herunterziehen, spreche ich offen an, dass mich das stört (sollte sich dann trotzdem nichts ändern, ist diese Person niemand, die mein Energieniveau erhöhen und Teil meines Lebens sein kann)

🜲 Ich sortiere Energiereduzierer aus meinem Leben aus (*Vergangenheitsnachhänger, Zukunftstänzer, Feuerlöscher*)

🜲 Mein Leben ist ein Bühnenstück, für das ich das Drehbuch schreibe

🜲 Energiereduzierer bekommen keine Bühnenzeit in meinem Bühnenstück

🜲 Mein eigenes Energieniveau erhöhe ich durch die eine Stunde Zeit am Tag nur für mich (*Meine 4,17*)

Ich kenne meine Werte und richte mein Leben nach ihnen aus

🜲 Ich treffe immer Entscheidungen, die mit meinen Werten vereinbar sind, nur so bin ich authentisch

🜲 Ich richte mein Leben nach meinen Werten aus, sie sind meine Wegweiser und wissen, was das Beste für mich ist

🜲 Um meine Werte zu ermitteln, stelle ich mir folgende Fragen:

- ☙ Was ist mir wichtig im Leben?
- ☙ Worauf könnte ich nicht verzichten im Leben?
- ☙ Für welche Werte oder Moralvorstellungen sollen mich meine Mitmenschen in Erinnerung behalten?
- ☙ Welche Werte würde mein bestes Selbst verkörpern?
- ☙ Welche Werte bewundere ich an anderen und würde ich auch gerne besitzen?
- ☙ Werte können sich mit der Zeit ändern, müssen es aber nicht
- ☙ Wenn ich nicht nach meinen Werten handel, bin ich auf einer Reise ohne Kompass unterwegs

Es ist jederzeit möglich, einen anderen Weg einzuschlagen

- ☙ Wenn ich mich im Leben verlaufen habe, kann ich jederzeit umkehren oder einen anderen Weg einschlagen
- ☙ Wenn ich merke, dass mich mein Beruf nicht mehr erfüllt, begebe ich mich auf die Suche nach einer Arbeit, die mich erfüllt
- ☙ Ich erschaffe mir das Leben, das ich immer leben wollte

Auf der Suche nach meinen Bestimmungen

- ⚓ Ich habe keine Angst vor dem Scheitern (Rückschläge gehören zum Lernen dazu, scheitern kann ich nur, wenn ich aufgebe)
- ⚓ Wenn ich etwas wirklich möchte, dann tue ich es einfach
- ⚓ Sollte es nicht auf Anhieb klappen, lerne ich aus dem Fehlversuch und versuche es auf einem anderen Weg
- ⚓ LEBEN ist NEBEL rückwärts gelesen: Niemand weiß, was geschehen wird, aber ich gehe mutig voran und freue mich auf das Unbekannte

Anspannung und Entspannung

- ⚓ Ich sorge mich um ein Gleichgewicht aus Anspannung und Entspannung in meinem Leben
- ⚓ Durch genügend Regeneration und Entspannung bin ich produktiver, entspannter und glücklicher
- ⚓ Phasen der An- und Entspannung müssen sich abwechseln wie Ebbe und Flut

Ich überwinde meine Ängste

- ⚓ Die Welt gehört den Mutigen
- ⚓ Ich muss meine Ängste überwinden, um meine Ziele zu erreichen

🐾 Ich überwinde meine Angst vor dem Ungewissen

Wie ich meine Ziele herausfinde

🐾 »Mit einer stumpfen Axt fällst du keinen Baum«: Ich pflege meine Ausrüstung und kümmere mich auch gut um mich selbst

🐾 Ich warte nicht darauf, das eine große Ziel meines Lebens herauszufinden, sondern beginne erst einmal mit ein paar kleinen Zielen

🐾 Ich finde heraus, was mir Spaß macht und mir Erfüllung bringt

🐾 Um herauszufinden, was mir Spaß macht, lasse ich mich von anderen inspirieren (wie Kinder es tun)

🐾 Ich bin ein *zahmer Löwe*, dessen Instinkte nur wieder geweckt werden müssen

🐾 Mein Instinkt erwacht, sobald ich das ausprobiere, was das Richtige für mich ist

Wozu ich auf dieser Welt bin

🐾 Nur ich allein kann für mich herausfinden, was der Sinn meines Lebens ist - es ist mein Leben

🐾 Die Liebe zu anderen beginnt mit der Liebe und Akzeptanz von mir selbst

🐾 Vier Schritte zum Herausfinden meines Lebenssinns:

🐾 1. Schritt: Ich komme mit mir selbst ins Reine

- 2. Schritt: Was sind meine Ziele im Leben? Wofür brenne ich? Wofür sollen mich andere Menschen in Erinnerung behalten?
- 3. Schritt: Ich lege fest, welcher Mensch ich sein möchte und verhalte mich authentisch
- 4. Schritt: Ich helfe anderen Menschen auf ihrem Weg und bringe ihnen alles bei, was ich weiß (Wer wäre ich, es nicht zu tun?)
- Die Reise zu mir selbst ist nie final abgeschlossen
- Der Lehrer lernt am meisten

Wie ich meine Bestimmungen herausfinde

- Meine Reise hat bereits vor diesem Leben begonnen
- Zu dieser Zeit habe ich mir Ziele und Herausforderungen ausgesucht, die ich in diesem Leben meistern möchte (das sind meine Bestimmungen)
- Dieser Instinkt ruht immer noch in mir und muss nur geweckt werden
- Wenn ich etwas tue, was eine meiner Bestimmungen ist, merke ich, dass es sich richtig anfühlt (wie der Löwe, der nicht wusste, dass er ein Raubtier war, bis er Artgenossen traf)
- Meine Bestimmungen gehen mir nicht zwangsläufig leicht von der Hand, ich habe mir Herausforderungen ausgesucht und nur an Herausforderungen kann ich wachsen
- Die drei Hügel der Herausforderung

- Die Lernphase bei etwas Unbekanntem lässt sich in drei Hügel aufteilen
- Je nach Aufgabe sind die Hügel unterschiedlich steil oder flach
- Wenn der erste Hügel bereits ein steiler Berg ist, ist das Lernpotenzial am größten
- Ich gehe Schritt für Schritt voran und besteige alle drei Hügel
- Sobald ich die drei Hügel bezwungen habe, habe ich diese Fähigkeit oder dieses Ziel gemeistert

- Ich finde meine Bestimmungen und lebe mein Leben danach, nur so kann ich sicherstellen, dass ich mein Leben nicht eines Tages als Versagen betrachte
- So finde ich meine Bestimmungen heraus:
  - Ich befreie mich von einschränkenden Gedanken (ich entscheide nicht, was ich arbeite anhand der Bezahlung, und lasse mich nicht von noch nicht vorhandenen Fähigkeiten abschrecken)
  - Wenn ich mich nicht darum kümmern müsste, dass ich von dem Geld, das ich verdiene, leben kann, was würde ich dann in meinem Leben machen?
  - Was müsste ich mit meiner Lebenszeit machen, damit ich am Ende meines Lebens das Gefühl hätte, mein Leben erfolgreich gelebt zu haben?
  - Meine Vergangenheit bestimmt nicht meine Gegenwart und auch nicht meine Zukunft

- 🐾 Was macht mich heute in meinem Leben unglücklich?
- 🐾 Was würde ich mir heute in meinem Leben nicht mehr aussuchen, wenn ich frei wählen könnte (und das kann ich - jeden Tag)?
- 🐾 Wenn mein Leben morgen zu Ende wäre, hätte ich dann so gelebt, wie ich es gewollt hätte?
- 🐾 Ich entscheide mich jeden Tag bewusst für das Leben, das ich leben möchte
- 🐾 Ich vertage meine Träume und Ziele nicht auf *später*, sondern lebe jetzt das Leben, das mich erfüllt

Ich wünsche mir nicht, dass das Spiel einfacher wäre, sondern ich werde stärker

- 🐾 Das Leben fordert uns heraus, wenn wir unsere Bestimmungen erreichen wollen
- 🐾 Es will sichergehen, dass wir unser Ziel auch mit Herz und Seele erreichen wollen
- 🐾 Um zu wachsen, muss ich mich herausfordern
- 🐾 Ich nehme die Herausforderung an

Ich traue mich, mich zu verändern

- 🐾 Ich bin der erwachsene Elefant, der sich nicht mehr von einem kleinen Pflock und den Überzeugungen aus seiner Kindheit aufhalten lässt

- Ich bringe meine fest verankerten Überzeugungen auf den Prüfstand und teste mich und meine Stärke jeden Tag aufs Neue aus
- Überzeugungen und Glaubenssätze, die mich heute nicht mehr voranbringen, lasse ich los

Meine 4,17

- Eine Stunde am Tag nutze ich bewusst nur für mich (Eine Stunde sind 4,17% eines Tages)
- Diese Stunde lege ich direkt auf die Zeit nach dem Aufstehen, da mich so die Aufgaben des Tages noch nicht erreicht haben
- Wenn ich *Meine 4,17* bereits morgens praktiziere, kann mir niemals etwas Unvorhergesehenes dazwischenkommen, da zu dieser Zeit noch keine Ausflüsse von außen existieren
- Mein Morgen stellt die Weichen für meinen Tag
- Nachdem ich bereits morgens etwas nur für mich getan habe, habe ich danach den Kopf frei, wundervolle Menschen in meinen Tag zu lassen
- Auch an Tagen, an denen ich noch müde bin, nutze ich *Meine 4,17*, denn die Zeit nur für mich allein ist kostbar (ich kürze meine Abendgestaltung entsprechend, dass ich nicht zu wenig schlafe)
- *Meine 4,17* lässt sich in drei Teile zerlegen (Dauer der einzelnen Zeitblöcke individuell gestaltbar)
  - 1. Teil: Körperliche Betätigung (bringt Körper und Geist auf Touren)

- 🐚 2. Teil: Meditation (Verbindung herstellen mit meinem innersten Selbst)
- 🐚 3. Teil: Notizbuch (planen und reflektieren) und weiterbilden (z. B. Biografien bewundernswerter Personen)

Positives Mindset

- 🐚 Ich gebe meinem Tag einen positiven Rahmen, in dem die schönen Dinge Platz finden
- 🐚 Indem ich mich selbst für Positivität entscheide, ziehe ich noch mehr Positives an
- 🐚 Ich notiere mir, wofür ich im Leben dankbar bin und nehme nichts für gegeben hin
- 🐚 Dankbarkeit ist der Schlüssel zu einem glücklichen, positiven Leben

Ich überwinde meine Angst vor dem Tod

- 🐚 Ich bin der Schmetterling, nicht die Raupe
- 🐚 Wenn ich tagtäglich die Dinge in meinem Leben tue, die für mich wichtig sind, brauche ich keine Angst vor dem Sterben zu haben (meine Angst vor dem Tod ist eher die Angst, das eigene Leben nicht genutzt zu haben)
- 🐚 Ich zweifle nicht mehr an mir, sondern stelle mir die Frage: Wer, wenn nicht ich?
- 🐚 Von der Raupe zum Schmetterling:

- 🐚 1. Schritt: Bewusstes Erkennen, dass das Leben, das ich lebe, nicht bewusst von mir gewählt ist
- 🐚 2. Schritt: Herausfinden, was meine Bestimmungen sind
- 🐚 3. Schritt: Meine Bestimmungen leben
- 🐚 Ich warte nicht auf den Bus, der vielleicht niemals kommen wird, sondern ich gehe selbst los (und zwar jetzt sofort)

Freunde, die ich noch nicht kenne

- 🐚 Ich betrachte mir unbekannte Menschen nicht als Fremde, sondern als Freunde, die ich noch nicht kenne
- 🐚 Ich habe keine Angst vor dem Unbekannten und dem Neuen

Ein letzter Brief

Lieber Matt,

Ich bin mir sicher, dass du diesen Brief eines Tages lesen wirst, wenn du wieder in den Notizen blätterst, die du dir bei deinem Besuch auf unserer Insel aufgeschrieben hast. Wir haben dir alles beigebracht, was du benötigst. Du trägst alles in dir, was du für die Veränderung hin zu dem Leben, das du dir immer gewünscht hast, benötigst.

Weck deine Instinkte! Du bist nicht der zahme Löwe. Sobald du herausgefunden hast, was deine Bestimmungen im Leben sind, wirst auch du deinem natürlichen Instinkt folgen und auf die Jagd nach deinen Zielen gehen. Du wirst die drei Hügel der Herausforderung erklimmen und herausfinden, dass Glück nicht darin besteht ein einzelnes Ziel zu erreichen, sondern Glück der Weg ist, auf dem du gehst. Du entscheidest dich ganz bewusst fürs Glücklichsein, für die Herausforderungen und das damit verbundene Wachstum in deinem Leben. Scheitern gibt es in deinem Leben nicht, denn selbst jeder missglückte Versuch etwas zu erreichen, lehrt dich wichtige Erkenntnisse. Und dann rappelst du dich auf und probierst es wieder und wieder - bis es klappt.

Lass dich nicht vom Nebel des Lebens davon abhalten, deine Träume Realität werden zu lassen. Nimm dein Schicksal selbst in die Hand und werde zu dem Menschen, der du immer sein wolltest. Du bist der Schmetterling, nicht die Raupe.

Wir glauben an dich! Tu du es auch und du wirst alles schaffen, was du dir vornimmst.

Mach's gut, *Freund, den wir noch nicht gekannt haben*, wir wünschen dir auf deinem Weg nur das Beste!

- Tata mit Kiri, Ninni und Lui

Über den Autor

Jonas Pöltl

»Jedes Leben hat seinen eigenen, ganz einzigartigen Sinn. Unserem Leben diesen Sinn zu geben, ist unsere wichtigste Aufgabe, unsere Lebensmission. Nur so können wir zu dem Menschen werden, zu dem wir bestimmt sind und unser Leben erfüllt und glücklich leben.«

Jonas sieht seine Mission darin, über seine Bücher die passenden Fragen zu stellen, damit seine Leserinnen und Leser die für sie einzigartigen Antworten finden können. Um dadurch noch mehr aus ihrem Leben zu machen und erfolgreicher, glücklicher und erfüllter das Leben zu leben, das sie schon immer leben wollten.

Privat lebt Jonas, 1985 geboren, mit seiner wundervollen Frau und seinen beiden einzigartigen Söhnen im fränkischen Neustadt an der Aisch.

Weitere Werke

»Ziele setzen und erreichen leicht gemacht.
Für alle, die mehr aus ihrem Leben machen wollen.«

Ratgeber zum Thema Ziele und Erfolg (2020)

www.JonasPoeltl.de/zielstrebigkeit

Du trägst die Antworten auf all deine
Fragen in dir.

Wann begibst du dich auf deine einzigartige
Reise zu dir selbst?

www.DeinEinzigartigerWeg.de